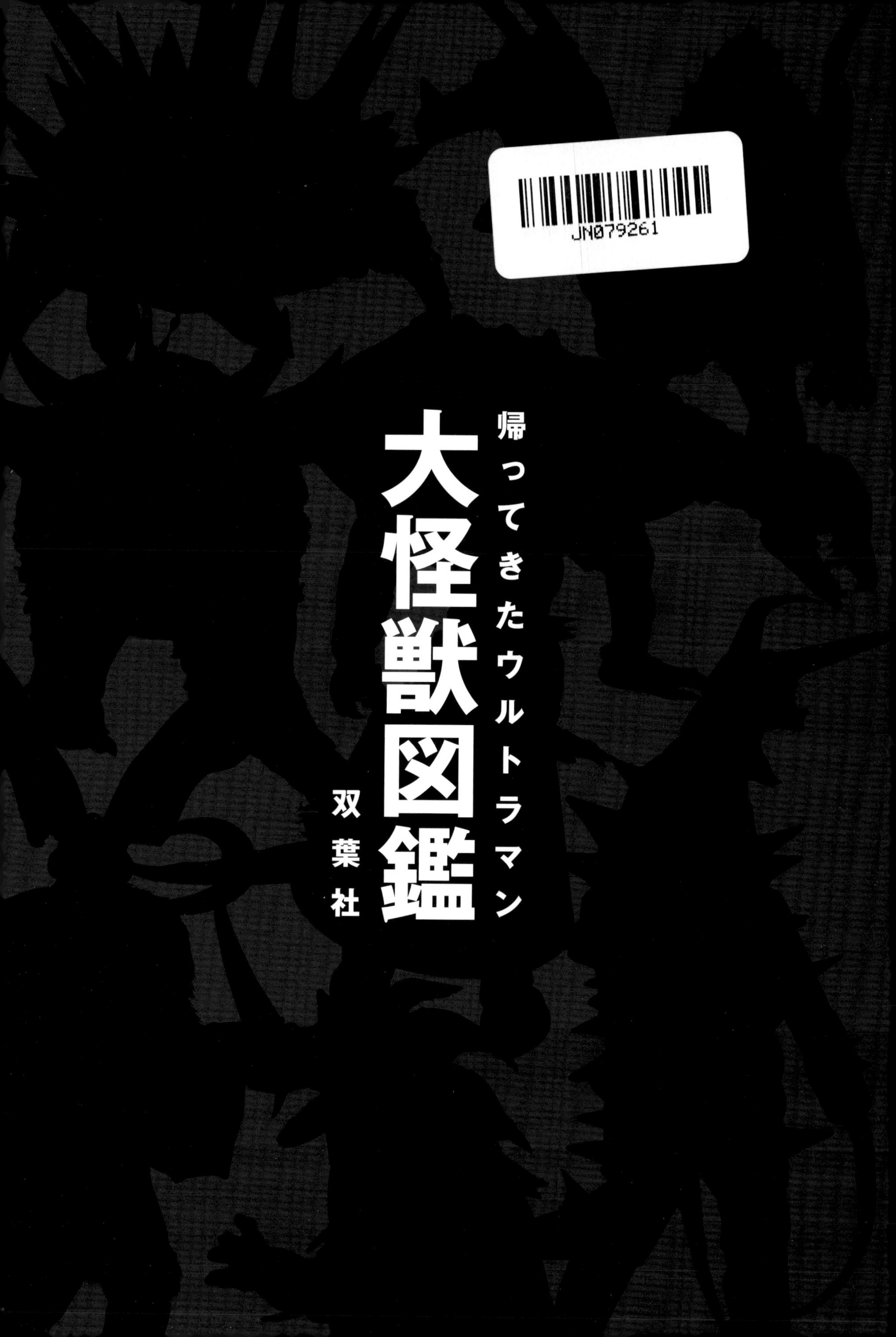

帰ってきたウルトラマン

大怪獣図鑑

双葉社

もくじ

130 キングマイマイ

134 ムルチ

137 メイツ星人

138 レオゴン

142 プリズ魔

146 ドラキュラス

150 ナックル星人

154 ブラックキング

158 バルダック星人

162 スノーゴン

165 ブラック星人

166 バルタン星人Jr.

168 ビルガモ

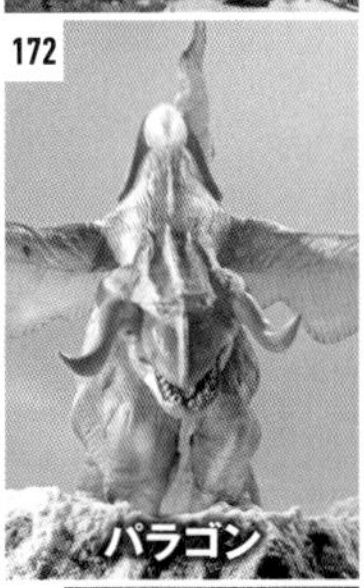
172 パラゴン

175 ストラ星人

176 グロテス星人

178 コダイゴン

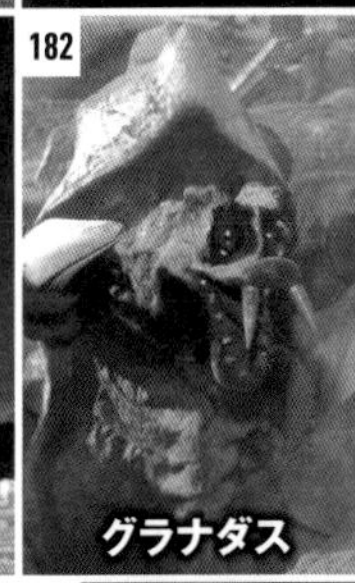
182 グラナダス

186 ケンタウルス星人

188 メシエ星雲人

191 白鳥座61番星人エリカ

192 ロボネズ

194 レッドキラー

197 ズール星人

198 フェミゴン

202 ヤメタランス

206 ササヒラー

208 ミステラー星人

212 キング・ボックル

216 バット星人

218 ゼットン(二代目)

222 ウルトラマン※

229 ウルトラマン(初代)

229 ウルトラセブン

230 MAT

本書のページカラーは、
地球怪獣
宇宙怪獣
宇宙人
その他
となっています。また、怪獣や宇宙人の能力グラフは、本書が独自に数値化したものです。

オイル怪獣

タッコング

吸盤をまとった「動く石油タンク」

世界的な異常気象と地殻変動の影響で眠りから覚め、姿を現した水棲怪獣。オイルを主食としており、海上オイルプラントや石油コンビナートを襲撃した。

タコのような吸盤が全身についており、丸まった状態のタコに形状が似ていることから、この名前がついたと思われる。ただ、2本の足と腕を有している他、爬虫類に似た頭部も持っており、タコとは完全に別種の生き物だろう。水陸どちらでも活動することができる。

東京湾の勝鬨橋付近に初めて姿を現し、同じ時期に目覚めたヘドロ怪獣ザザーンと交戦した。2体の怪獣が戦った理由は不明だが、タッコングは凶暴な性格のため、ザザーンに戦いを挑んだ可能性も考えられる。水中での戦闘が得意なザザーンを陸上へ追いやり、最後は体当たり攻撃で倒している。

全身についた吸盤は何でも吸いつけてしまう。柔軟な球形の体は、敵の攻撃を吸収して分散させることが可能で、炎にも耐えることができる。両手には鋭いツメがあり、強力な毒を有している。また、鋭い2本の牙を持ち、強力な噛みつき攻撃を繰り出す。口からオイルを吐いて攻撃することもある。

頭部

尻尾

足形

皮膚

手

足

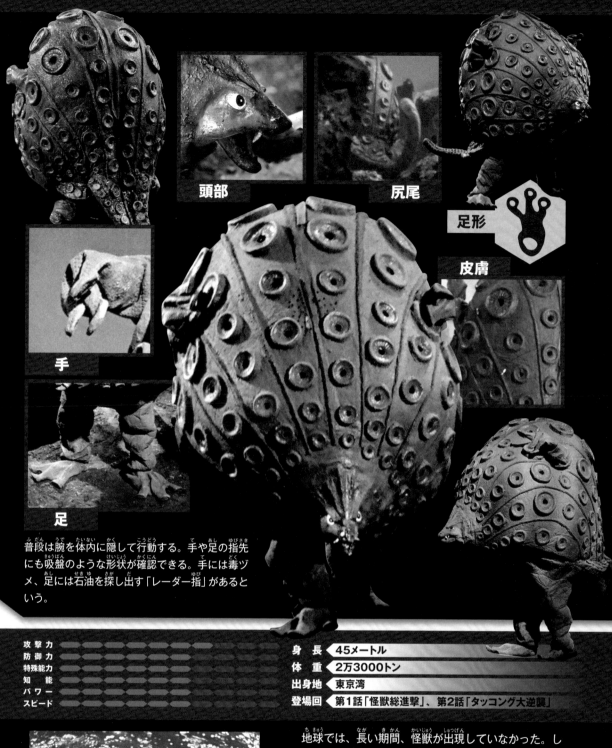

普段は腕を体内に隠して行動する。手や足の指先にも吸盤のような形状が確認できる。手には毒ヅメ、足には石油を探し出す「レーダー指」があるという。

攻撃力
防御力
特殊能力
知能
パワー
スピード

身長	45メートル
体重	2万3000トン
出身地	東京湾
登場回	第1話「怪獣総進撃」、第2話「タッコング大逆襲」

地球では、長い期間、怪獣が出現していなかった。しかし、世界各地で異常気象や群発地震などが多発し、その影響からか、潜んでいた怪獣たちが一斉に目覚めることになった。

怪獣タッコングはそのうちの1体で、怪獣ザザーンもほぼ同じタイミングで姿を現している。2体とも東京湾に姿を現したため、もともと日本近海の海底に棲息していたと考えられる。そして、これ以降、多くの怪獣が地球に出現することになる。

BACKGROUND

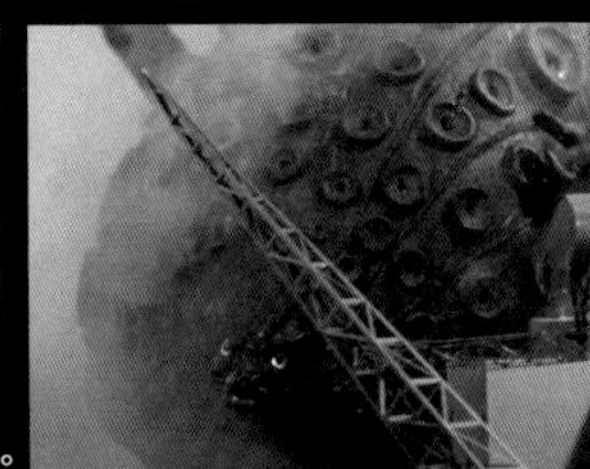

丸みを持つ体には、まるでタコの足のように、尻尾まで吸盤がキレイに並ぶ。この吸盤に物を吸いつけ、破壊することが可能。体格に反して動きは軽く、素早く移動できる。

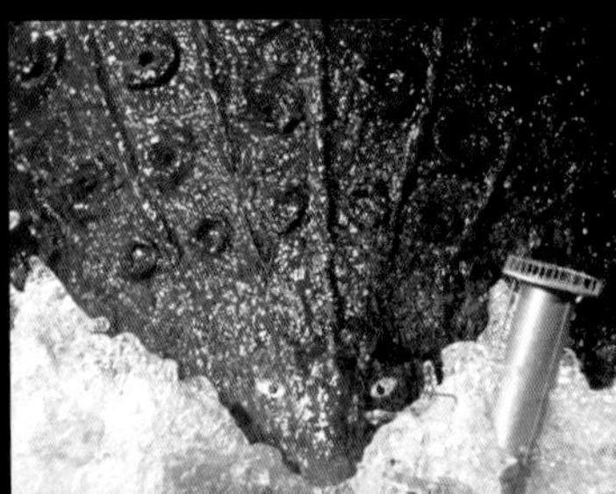

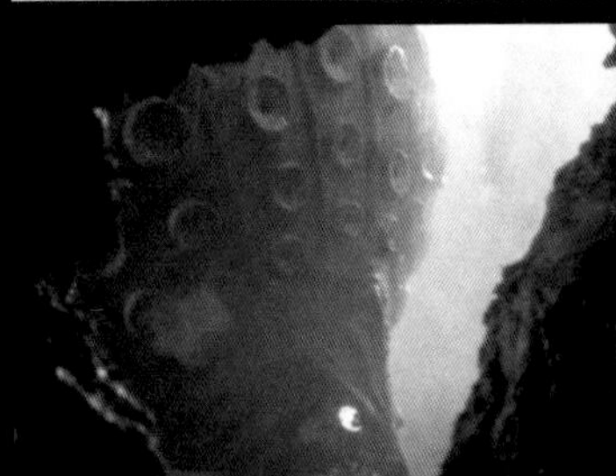

海中に棲息しているが、陸上でも水中同様に活動することができる。地上に出現した際には、強固な体で街を破壊した。

好物のオイルを食べるため、鋭い２本の牙で海底のパイプラインを噛み砕いた。体内に溜め込んだオイルを口から吐き出し、攻撃することも可能。

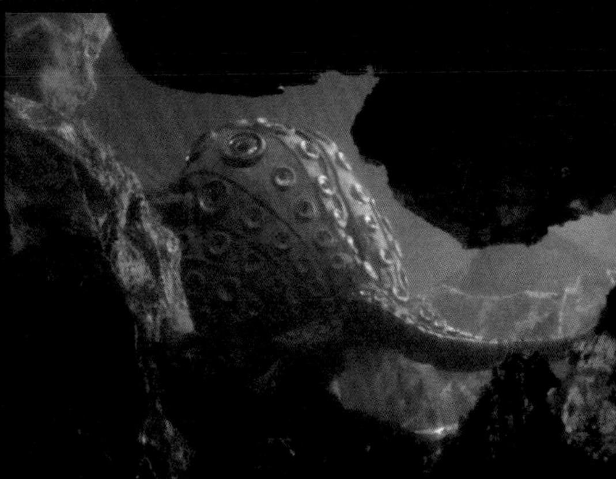

ウルトラマンとの攻防

体の中に溜め込んだオイルが致命傷に

タッコングは、地球防衛組織であるＭＡＴの攻撃にはビクともせず、街の建物を破壊。だが、何者かから青い光での攻撃を受けると、すぐに海に退散する。この青い光は、郷秀樹と一体化する前のウルトラマンによる「スペシウム光線」での攻撃だった。その後、石油コンビナートに再出現し、変身したウルトラマンと戦闘。腕をもぎ取られて劣勢となり、「スペシウム光線」を食らうと体内のオイルに着火。最後は全身から火炎を噴き出して爆死した。全身の吸盤で相手の自由を封じれば、勝機はあったかもしれない。

口から吐いたオイルをウルトラマンの顔面に命中させるなど苦しめたが、必殺技に散った。

ヘドロ怪獣

ザザーン

公害が生み出した「有毒モンスター」

全身がヘドロ化した海藻で覆われている怪獣。異常気象や群発地震などによる地殻変動の影響で、オイル怪獣タッコングと同様に目を覚まし、東京湾に出現した。

人類が垂れ流した工業廃水などが蓄積された海底で生まれたとみられ、体を覆う海藻は猛毒を有しており、その毒性は象を10秒で殺せるほど強力だという。

海藻で隠れてはいるが、非常に優れた目を持っていて、海中では30キロ先まで見通すことができる。また、太陽の光が届かない海底でも、その目を輝かせることで周囲を見渡すことが可能だ。赤くプックリと膨らんだ口からは、風速50メートルのガスを吐くこともできる。ガスの詳細は不明だが、毒ガスか炭酸ガスとみられている。

シャチにも匹敵する、時速69キロメートルで泳ぐことができる一方、陸上では水中での機敏さは失われてしまうようだ。炎や乾燥にも弱く、地上戦を苦手とする。基本的には、水中でのみ行動できる怪獣と言える。

同じタイミングで出現したタッコングとは戦闘となり、激しいぶつかり合いの末、陸上へと押し出され倒された。

ヌメヌメとした体は、とても頑丈で、特に頭部は爆弾をはねのける強度を持っている。だが、体が乾燥すると動けなくなってしまうという。

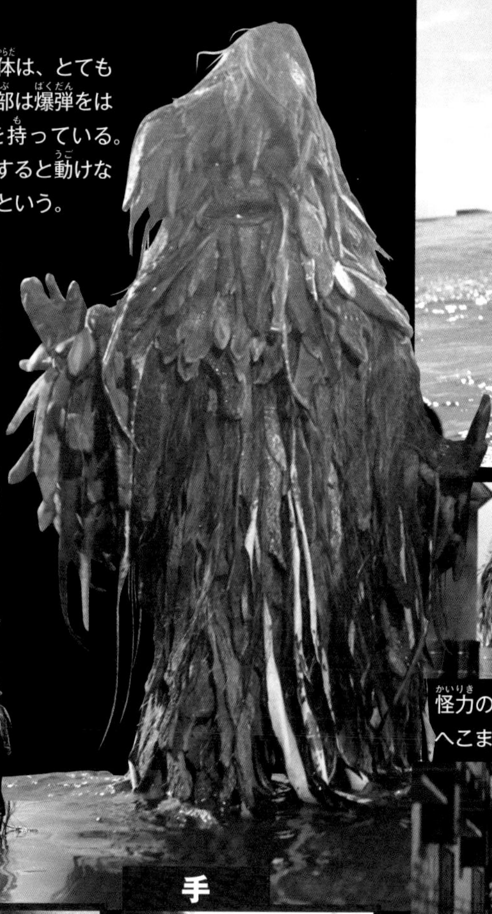

足形

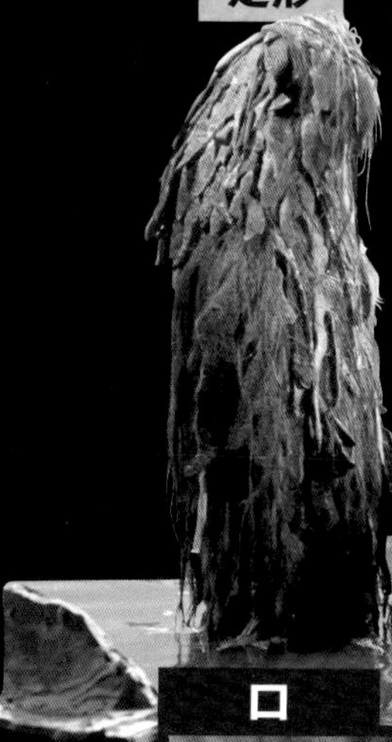

怪力の持ち主で、パンチ攻撃でタッコングの体を大きくへこませた。頑丈な皮膚はミサイルをも弾き返したほど。

口

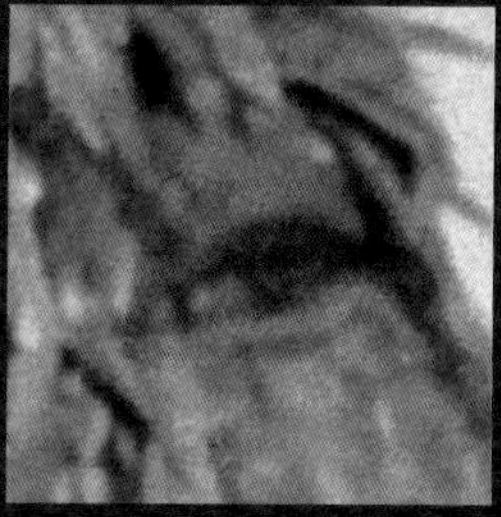

手

攻撃力
防御力
特殊能力
知能
パワー
スピード

身長	50メートル
体重	1万2000トン
出身地	東京湾
登場回	第1話「怪獣総進撃」

不利な陸上戦であえなく敗北

ウルトラマンとの攻防

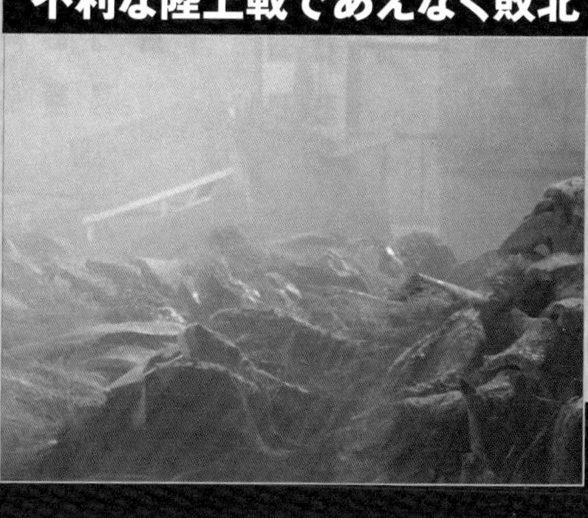

ザザーンはウルトラマンと直接戦闘していない。タッコングとの戦いでは、最終的に敗れてしまったが、これは地上での戦闘が長引き、体が乾燥して弱ってしまったためとも考えられる。もし水中戦であれば、持ち前の高い戦闘力を見せたことだろう。

凶暴怪獣

アーストロン

火山に潜む「マッチョー角獣」

朝霧火山の地底から、突如現れた黒色の怪獣。周囲の山村を火の海に変え、足で家屋を踏み潰すなどして破壊の限りを尽くした。

最大の特徴は、頭に付いている鋭利で大きな三日月型の角だ。攻撃時の武器となる他、先端はテレパシーを発するレーダーのような機能を持っているとも言われる。

動物の角は、皮膚や骨が変化して形成されるケースが多いが、アーストロンの角も同様である可能性が高い。つまり、露出した骨格とも言えるため、折れてしまえばダメージが残り、弱体化すると考えられる。

性格は凶暴で好戦的。一本角を活かした突進攻撃を得意とし、口からは高熱の「マグマ光線」を吐き出して攻撃する。さらに、尻尾は鉄の2000倍もの強度を持ち、手には1000トンの岩を握り潰すほどの怪力も有している。足のツメからは毒液を分泌するとも言われる。また、攻撃だけでなく防御にも優れ、鋼鉄のように強靭な皮膚は、MATによる空からの攻撃や、小型銃「マットシュート」のレーザー光線もはね返した。体格的にも、頑丈な骨が全身をしっかりと支えており、防御力をいっそう高めている。

目

角

尻尾

足形

全身を包むイボのような皮膚は、100万度の高熱にも耐える。両目からはＸ線を出すことが可能で、地底でも１万メートル先を見通すらしい。腕力だけでなく、脚力にも優れ、300メートルもジャンプできるという。

攻撃力
防御力
特殊能力
知　能
パワー
スピード

身　長	60メートル
体　重	2万5000トン
出身地	朝霧火山付近
登場回	第１話「怪獣総進撃」

オイル怪獣タッコングらと同じく、世界規模で発生した地殻変動などの影響で、長い眠りから目覚めた。海ではなく山から現れたのは、もともとの棲息環境の違いだと考えられる。のちに、爆弾怪獣ゴーストロンという怪獣が出現するが、地中に棲息し、口から高熱のマグマを吐くといった共通性が見られることから、アーストロンの弟とする説がある。また、アーストロンが角からテレパシーを発することができるのは、同種の怪獣が他にも多数存在した可能性も示していると言えるだろう。

BACKGROUND

朝霧火山付近に突然姿を現し、暴れ回った。凄まじいパワーによって、手も足も尻尾も、恐ろしい武器となる。

体は頑丈な皮膚に覆われ、どんな攻撃にも耐えることができる。炎に包まれた村の中でも、平然としていた。

口から吐き出すマグマ光線は非常に高温で、浴びた物を瞬時に燃え上がらせる。巨大な角が自慢だが、弱点にもなってしまうようだ。

シンボルの一本角を失って戦意喪失

ウルトラマンとの攻防

村を破壊する中、現れたウルトラマンと戦闘に。序盤から圧倒的なパワーでウルトラマンを押し倒すと、さらにマグマ光線や角を武器とした突進攻撃で攻め続け、優位に立つ。しかし、角をチョップで折られると形勢は逆転。うろたえたところを投げ飛ばされ、ウルトラマンの必殺技「スペシウム光線」が直撃。最後は火口へと落下し、爆死した。アーストロン１体では敵わなかったが、地底に眠っているかもしれない同種の怪獣たちと力を合わせることができたなら、ウルトラマンにとって大きな脅威となっただろう。

怪力で互角以上に渡り合ったが、ウルトラマンの必殺技で敗れ去った。

岩石怪獣

サドラ

SADOLAR

魔の山を支配する「伝説の未確認生物」

「魔の山」と呼ばれる霧吹山に棲む怪獣。性格は好戦的で、自分の縄張りに侵入する者を発見すれば、人間はもちろん、巨大怪獣であっても襲いかかる。実際、地底怪獣デットンが霧吹山に出現した際には、すぐに交戦状態となった。執念深い部分があり、標的を見失っても、執拗に見つけ出そうとする行動が確認されている。肉食のため、登山に来た人間を捕食していたとみられる。

最大の特徴は、両手の大きなハサミだ。その破壊力は凄まじく、岩山を切り崩し、鋼鉄もたやすく切断してしまう。格闘戦では、ハサミの外殻を利用した打撃も多用する。ハサミの外殻は、飛んできた岩塊を一発で粉砕してしまうほど硬いという。

また、両手だけでなく、足もハサミ状になっており、キック攻撃も非常に強力。他に、先端が二股に分かれた長い尻尾での攻撃は、5万トンの岩石をも弾き飛ばすだけの威力を持つ。なお、尻尾の先からは、サソリのごとく猛毒を出すとも言われている。

頭部はダイヤモンドを上回る硬度を持っている。その一方、頭部から水平に伸びている耳は、サドラの弱点とされている。

足形

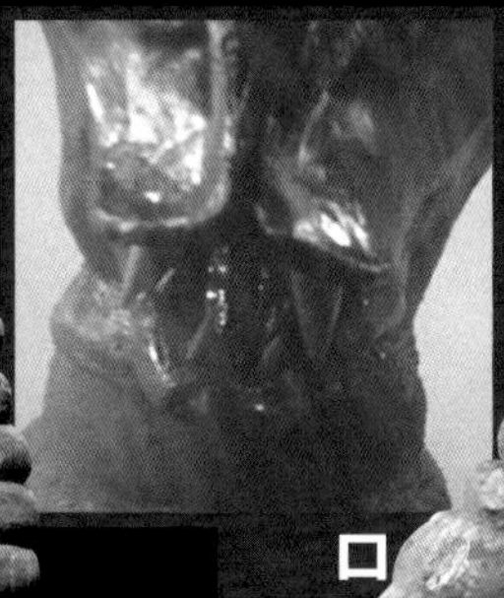

口

手

目

尻尾

甲高い咆哮をあげて出現する。目が非常に良く、深い霧でも敵を認識できる。また、額がレーダーの役割をしているとの説もある。段々になっている全身の皮膚は、岩石のように硬い。

攻撃力
防御力
特殊能力
知　能
パワー
スピード

身　長	60メートル
体　重	2万4000トン
出身地	霧吹山
登場回	第3話「恐怖の怪獣魔境」

霧吹山は、原因不明の転落事故で命を落とす者が続出し、「魔の山」と呼ばれていた。山には古来より「龍がいて、山へ入った者は、みな食われてしまう」という伝説があった。これは、大昔から霧吹山に棲んでいた怪獣サドラやデットンが、人々を襲っていたのだと推察される。山を包む深い霧がその存在を隠し、また、襲撃された人の多くが生還できなかったため、伝説になったのだろう。さらに、山の岩石が磁気を帯びていて無線連絡が困難であることも一因になっているかもしれない。

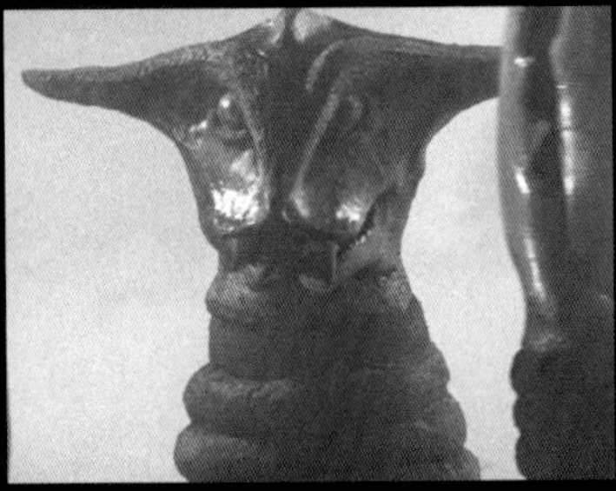

好戦的な性格で、霧吹山の登山客を狙った。だが、マットシュートによる銃撃を受け、すぐに退散する一面も。

フットワーク軽く動き回り、最大の武器である両手のハサミで攻撃する。切断に加え、打撃での攻撃も強力だ。

状況把握に優れ、クレバーな頭脳を持つ。肉体以外の武器はないが、パワーではウルトラマンに太刀打ちできなかった。

ウルトラマンとの攻防

怪獣コンビでの挟み撃ちも不発

サドラとデットンに狙われたMATの加藤隊長を救うべくウルトラマンが現れると、2怪獣でタッグを組み、挟み撃ちの形で攻撃。しかし、デットンが先に倒されると、その直後にサドラも「ウルトラスラッシュ」で首を切断され、絶命した。

一時は交戦状態だったデットンとすぐに共闘できるあたり、サドラの危機察知能力の高さがうかがえる。あとは、霧吹山の深い霧で姿を隠しつつ、ウルトラマンの弱点であるカラータイマーをハサミで狙い打ちできれば、勝利の可能性もあっただろう。

数的優位を活かして攻め立てたが、即席コンビのスキを突かれて、あっさり敗北。

地底怪獣

デットン

地の底から現れる「霧吹山のレジェンド」

霧吹山の地底に棲息していた怪獣。山へ調査に来たＭＡＴの加藤隊長と郷隊員の前に姿を現した。岩石怪獣サドラと共に、古くから伝わる「龍伝説」の元になった怪獣と考えられる。地底を棲みかとしているため、暗い場所でも見通せる視力を持つ。その一方で、太陽光を苦手としている。ブルドーザー2500台分とも言われる怪力の持ち主で、このパワーで地底を素早く、自在に掘り進む。口に生えた牙はダイヤモンドよりも硬く、岩石を簡単に噛み砕く。噛みつかれた者は、巨大怪獣であっても大ダメージを避けられないであろう。

皮膚も強靭で、マットシュートと手榴弾による攻撃を受けた際にはひるんだ様子を見せたが、体は無傷のままだった。

かつて日本に出現したテレスドンという地底怪獣と姿形がよく似ているため、デットンが弟だという説も存在する。ただし、身長60メートルのテレスドンが12万トンという超重量級の重さだったのに対し、55メートルのデットンは２万トンと、６分の１ほどの体重しかない。また、テレスドンのように口から火炎を吐くこともできず、あくまで姿の似た怪獣という見方が妥当かもしれない。

足形

手のツメが硬く、地面を掘る際に使う。足も強靭で、足踏みするだけで地震を起こせるほど。また、口から溶岩熱線を吐くという説もある。

愛嬌のある顔だが、性格は凶暴で、目に映るもの全てに襲いかかる。ウルトラマン相手にも噛みつきで立ち向かった。

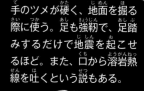

背ビレ

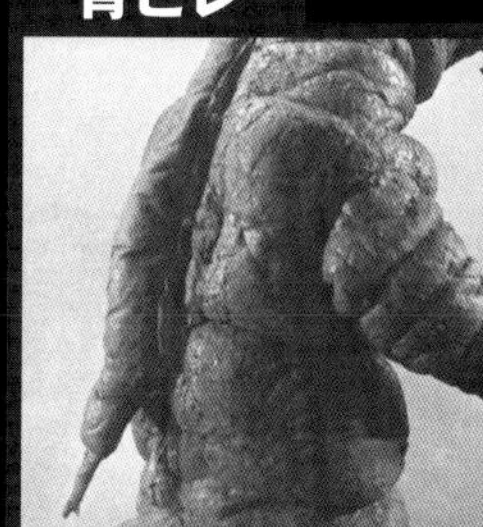

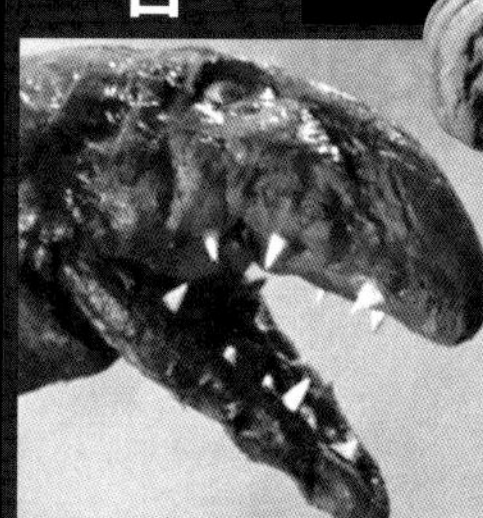

口

攻撃力
防御力
特殊能力
知能
パワー
スピード

身長	55メートル
体重	2万トン
出身地	霧吹山の地底
登場回	第3話「恐怖の怪獣魔境」

敵に背を向けて逃走を図るが……

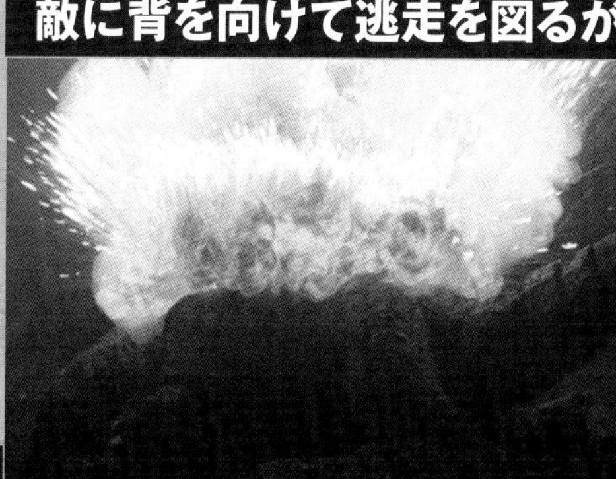

ウルトラマンとの攻防

　サドラとタッグを組み、ウルトラマンと戦った。だが、ウルトラマンの強さに気づいたのか、戦闘中、敵に背中を向けて逃走。そこへ「スペシウム光線」を放たれると、うつぶせに倒れ、大爆発した。急造コンビゆえ、連携攻撃が下手だったのが悔やまれる。

古代怪獣

キングザウルス三世

いにしえより蘇った「動く要塞」

箱根山中から現れた、四足歩行の古代怪獣。地上を歩いて移動する他、地中を掘り進んで移動することもできる。

多くの特殊能力を備えており、大きく裂けた口からは赤色の放射能光線を吐き出す。角からは波状のショック光線を放つことができ、さらに体の周囲に超強力なバリヤーをカーテン状に展開することも可能。このバリヤーでウルトラマンの光線技をことごとくはね返したが、自分の真上には張ることができず、最終的にはこの弱点を突かれる形となった。また、角を破壊されるとバリヤーを発生させることができなくなってしまう。

身体能力は非常に高く、70階建てのビルを押し倒し、体をかすめただけで国会議事堂を粉砕できるほどのパワーを持つ。皮膚と背ビレは頑丈で、ミサイル攻撃にもビクともしない。太くがっしりとした足は、どんなものでも踏み潰してしまう。

体内には「キング」の名を冠する器官を有し、「キング胃袋」はダンプカー100台をペロリと平らげることが可能。また、「キング心臓」は、いくら動き回っても息切れをしないスタミナを生み出している。

足形

背ビレ

角

首

口

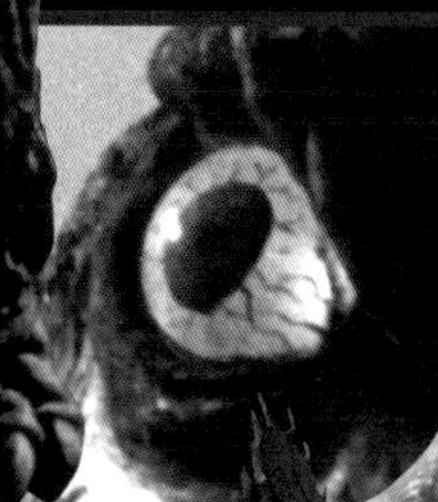

目

古代怪獣と呼ばれるだけあって、ブロントサウルスに似た体、スピノサウルスのような背中のヒレ、トリケラトプスを思わせる頭部の角など、様々な恐竜の特徴が合わさった姿をしている。大好物はウラン。

攻撃力
防御力
特殊能力
知能
パワー
スピード

身長	105メートル
体重	2万7000トン
出身地	箱根山中
登場回	第4話「必殺！流星キック」

第一原子力発電所近くの箱根山中に、ウランを常食としている怪獣キングザウルス三世が出現。この発電所が破壊されれば、東京への電力供給が止まり、大混乱に陥るのは必至。ウランを目標に歩を進める怪獣を止めるべく、MATが出動する。ウルトラマンとの戦闘後、一度は地中に身を潜めたが、再び同じ発電所を襲撃。今度は、発電所のすぐそばの地中から姿を現した。

なお、名前に「三世」と付いているが、一世や二世にあたる同族の怪獣がいるのかは不明。

BACKGROUND

普段は地中を掘り進んで移動する。全身にパワーがみなぎる一方、地上での移動スピードは決して速くない。

口からは赤い放射能光線を出して攻撃する。強靭な体は、バリヤーを使わずとも、高い防御力を誇る。

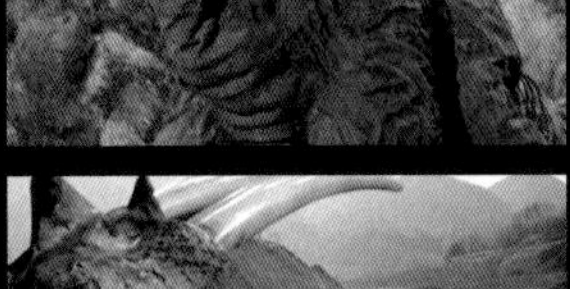

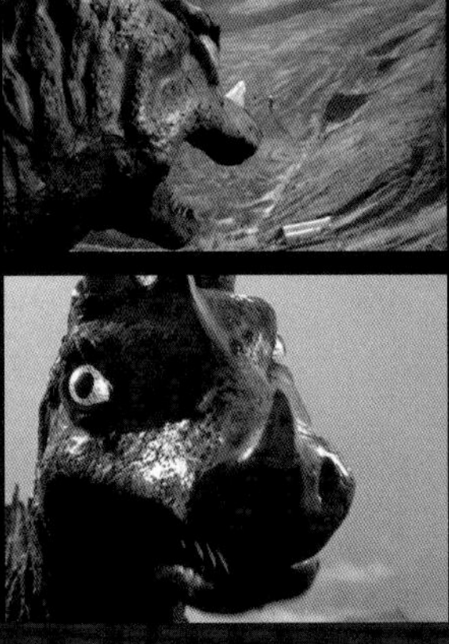

角は波状光線やバリヤーを出すだけでなく、鋭い凶器にもなり、さらに強力なエネルギーを放出することで、敵の攻撃を弾き返す。

ウルトラマンとの攻防

頭上からの「流星キック」で万事休す

ウルトラマンとの初戦では、バリヤーで光線技を完全に無効化し、波状光線や角を使った攻撃で圧倒。ウルトラマンを退ける。

しかし、第2ラウンドを前に、ウルトラマンが新技「流星キック」を習得。バリヤーを飛び越えられて、角を折られてしまう。これでバリヤーが使えなくなると、主導権はウルトラマンに移り、最後は背中に「スペシウム光線」を受け、息絶えた。敗因が、頭上からの攻撃を許してしまったことなのは間違いない。己の死角を認識した戦闘スタイルを、持っておくべきだった。

攻守の要である角が粉砕。一気に戦意を失い、背中を見せたところにトドメを刺された。

古代怪獣（こだいかいじゅう）

ツインテール

化石（かせき）から生まれた「天地無用（てんちむよう）のムチ使い（つか）」

中生代（ちゅうせいだい）・ジュラ紀（き）に棲息（せいそく）していた怪獣（かいじゅう）。化石（か せき）となったタマゴが孵化（ふか）することで、現代（げんだい）に誕生（たんじょう）した。

頭部（とうぶ）が下（した）にあり、尾（お）が真上（まうえ）に伸（の）びているという体形（たいけい）が非常（ひじょう）に特徴的（とくちょうてき）で、まるで逆立（さかだ）ちでもしているかのように見（み）える。なお、足（あし）は胴体（どう たい）の下（した）についており、人間（にんげん）と同（おな）じように移動（いどう）する。また、全身（ぜんしん）のトゲを使（つか）って地中（ちちゅう）を高速（こうそく）で掘（ほ）り進（すす）むことが可能（かのう）だ。

2本（ほん）の尻尾（しっぽ）はムチのように使（つか）う他（ほか）、敵（てき）の体（からだ）に器用（きよう）に巻（ま）きつけ、怪力（かいりき）で締（し）め上（あ）げることもできる。その先端（せんたん）には毒針（どくばり）が付（つ）いており、毒（どく）によるダメージも与（あた）えられる。また、尻尾（しっ ぼ）に生（は）えているトゲは、カミソリの100倍（ばい）もの鋭（するど）さがあり、それだけでも十分（じゅうぶん）な凶器（きょうき）となる。

同（おな）じくジュラ紀（き）に生（い）きていた地底怪獣（ちていかいじゅう）グドンは天敵（てんてき）で、ツインテールを好物（こうぶつ）にしている。一説（いっせつ）にはツインテールの肉（にく）は柔（やわ）らかく、生（う）まれたては海老（えび）のような味（あじ）がすると言（い）われる。

グドンが現代（げんだい）に姿（すがた）を現（あらわ）した時（とき）には、両者（りょうしゃ）が激突（げきとつ）する場面（ばめん）もあった。最後（さいご）はツインテールが逃走（とうそう）したものの、実力（じつりょく）は意外（いがい）にも拮抗（きっこう）。食物連鎖（もつれんさ）においてツインテールは下位（かい）だが、決（けっ）して弱（よわ）い怪獣（かいじゅう）ではなかったと言（い）える。

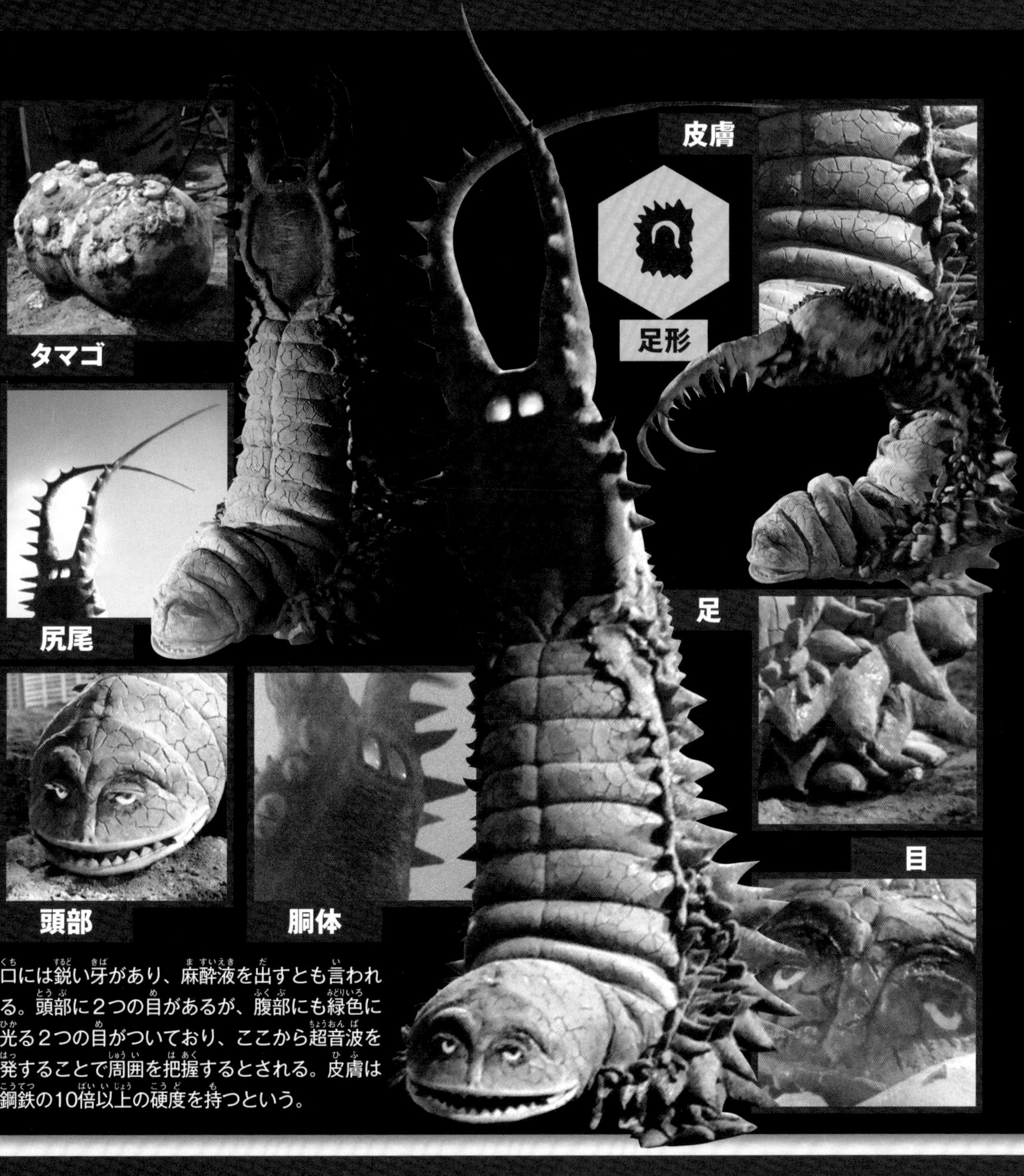

口には鋭い牙があり、麻酔液を出すとも言われる。頭部に2つの目があるが、腹部にも緑色に光る2つの目がついており、ここから超音波を発することで周囲を把握するとされる。皮膚は鋼鉄の10倍以上の硬度を持つという。

攻撃力
防御力
特殊能力
知能
パワー
スピード

身長	45メートル
体重	1万5000トン
出身地	ビル工事現場
登場回	第5話「二大怪獣東京を襲撃」
	第6話「決戦！怪獣対マット」

地下ショッピングセンター付近の工事現場で、多数のアンモン貝の化石が付着した岩のような物体が発見される。MATが調査するが、岸田隊員が危険はないと判断、再び地中に埋めてしまう。だが、これはツインテールのタマゴで、やがて巨大化し、怪獣が誕生するのだった。恐竜のタマゴの化石は多く発見されているが、孵化した事例は皆無だ。岸田隊員の判断も致し方ないが、彼が安全確認のためタマゴに放ったレーザー光線が、孵化のきっかけとなった可能性は十分に考えられる。

BACKGROUND

もともとは、イグアノドンやアパトサウルスなどの恐竜が生きていたジュラ紀の生物とみられ、化石となっていたタマゴが突然巨大化し、現代に姿を現した。

頭が下にある独特の体形をしているが、体は非常に柔軟で、動きも意外なほど素早い。頭部の目以外に、尻尾の根本に第二の目があり、レーダーの役目を果たす。

２本の尻尾と噛みつきによる攻撃がメインで、上下の同時攻撃が得意。捕食される立場の怪獣だが、両目を潰されても戦い続ける闘争心を持っている。

三者を敵に回して一歩も退かぬ大激闘

ウルトラマンとの攻防

ウルトラマンとの初対決では、足に噛みついたり、首を尻尾で絞めたりして優位に。そこにツインテールを追ったグドンが出現すると、今度はウルトラマンを盾にするような立ち回りを見せる。ツインテールにとっては、ウルトラマン以上に捕食者・グドンが恐ろしい存在だったのだろう。結果的にグドンと共闘する形となり、ウルトラマンに勝利する。その後、東京湾埋立地で再戦するが、ＭＡＴに麻酔弾で両目を潰されたあげく、グドンによってトドメを刺されてしまう。ツインテールには、敵があまりにも多すぎたのが不幸だった。

ウルトラマンには善戦したが、グドンから強く地面に叩きつけられて絶命。

地底怪獣

グドン

獲物を追い回す「執念の捕食者」

中生代・ジュラ紀に生きていたとみられる怪獣。同時代に棲息した古代怪獣ツインテールを餌としており、現代に復活したツインテールを追うかのように、東京近郊の砕石場で地底から姿を現した。基本的には、地中に潜って移動してから地上へ出現するとみられ、移動の際には、地上を陥没させるほどの大地震を引き起こす。グドンはただ移動するだけでも、人類の脅威となりうる怪獣だと言える。

性格は非常に凶暴で、ムチのような両手を武器に暴れ回る。両手は振り回して打ちつける他、巻きつけて怪力で苦しめたり、先端を突き刺すことで毒液を注入したりもできる。長い尻尾も、やはりムチのようにして使う。

また、鋭い歯と凄まじいアゴの力を持っているため、噛みつきによる攻撃も強力。ツインテールのような分厚い皮膚の怪獣を捕食できることが、それを証明している。

自らの皮膚も非常に頑丈で、ＭＡＴが誇る「ＭＮ爆弾」も全く効かなかった。皮膚の表面にいくつも生えたトゲは、ダイヤモンドの20倍もの硬さを持つ。これは、戦闘時に恐ろしい凶器となるだけでなく、防御面でも役立っているとみられる。

足形

頭部の角、ムチ状の手は攻撃時の武器となる。足も強力で、2万トンのタンカーを吹き飛ばすほどのキックを放つという。体中にトゲも付いており、全身が凶器だらけとも言える。

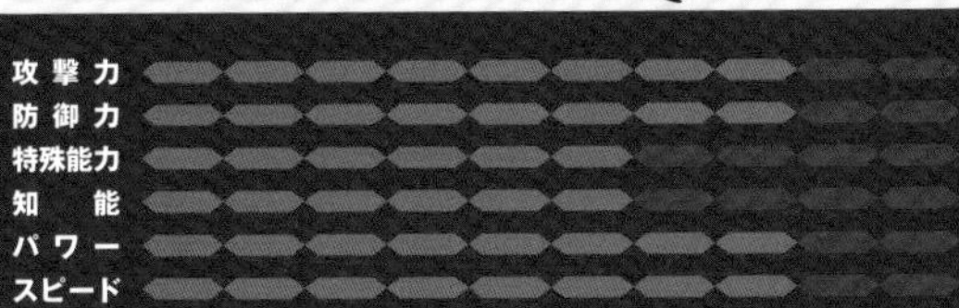

身長	50メートル
体重	2万5000トン
出身地	奥多摩・第二砕石場
登場回	第5話「二大怪獣東京を襲撃」 第6話「決戦！怪獣対マット」

ツインテールのタマゴが都心で発見された直後、奥多摩の砕石場で異常な地震が発生。偵察に向かったMATの前にグドンが現れる。その後、地中に潜って姿を消すが、第五農場付近に局地的な大地震が起きる。過去の文献によって、これはグドンが常食とするツインテールを求めて移動したのが原因だと推察。2大怪獣が東京に出現すれば、危機的事態となるため、MATはタマゴを破壊する作戦を立案。しかし、実行前にツインテールがタマゴから孵化し、そこに再びグドンが出現するのだった。

BACKGROUND

性格は極めて好戦的。頭部には鋭く長い角があり、これを武器とすることもある。赤く光る両目からはX線を出し、暗い地底でも見通すことが可能。

ツインテールが大好物。鼻は嗅覚に優れ、100キロメートル先にいるツインテールの匂いも嗅ぎつけるという。

ムチ状の手を自在に操り、敵を攻撃する。鋭い歯を生かした噛みつきでも、大きなダメージを与えることが可能だ。

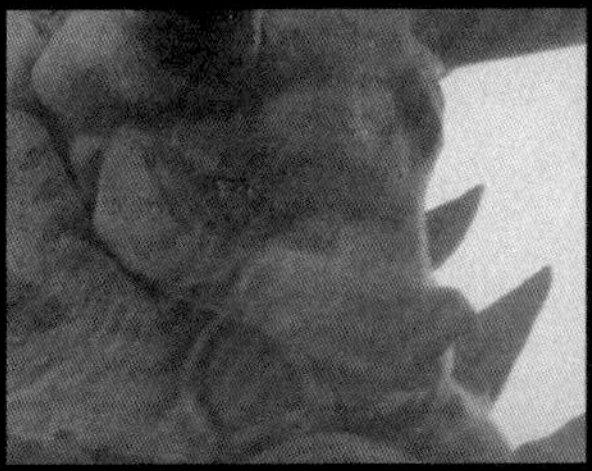

スペシウム光線で大爆発

ウルトラマンとの攻防

餌を追い求めて、ウルトラマンと戦闘中のツインテールの前に出現。捕食者と被食者という関係性でありながら、結果的にツインテールと共闘する形になり、強敵であるウルトラマンの撃退に成功する。その後、第４埋立地でウルトラマンと再戦。またもツインテールとの２対１の構図となるが、今度はウルトラマンより先にツインテールを撃破してしまう。１対１の対決となるとウルトラマンの格闘技に歯が立たず、結局「スペシウム光線」によって倒された。ツインテールと仲間になることができれば、結果は違っていただろう。

２大怪獣が長所を活かして善戦したが、グドン１体では敵わなかった。

透明怪獣

ゴルバゴス

夜に猛る「地獄谷のカメレオン」

地獄谷で発見された怪獣。最大の特徴は、その独特な皮膚組織で、周囲に合わせて体表の色を自在に変化させることが可能。風景に同化して溶け込み、その身を隠すことができるのだ。

夜行性のようで、日中はおとなしいが、夜になると性格が凶暴化する。昼間にＭＡＴからその姿を発見され、攻撃を受けるとすぐに逃走した一方、夜間にはキャンプをにぎやかに楽しむ若者たちを襲撃している。なお、その際も体は隠蔽色で見えず、目だけが確認できる状態だった。

口からは、強力な火炎弾を放つことが可能で、かなりの威力がある。

怪力の持ち主でもあり、巨大な岩を投げつける攻撃も行う。ゴツゴツした手には鋭いツメがあり、硬い岩にも傷をつける。このツメで、ＭＡＴの戦闘機・マットアロー１号の機体に穴を開け、墜落させた。

足は遅く、ＭＡＴが上空から７色の塗料を吹きつける「レインボー作戦」を決行した際には、逃れることができなかった。ちなみに、体に色をつけられた後は、地中に潜ってその身を隠している。

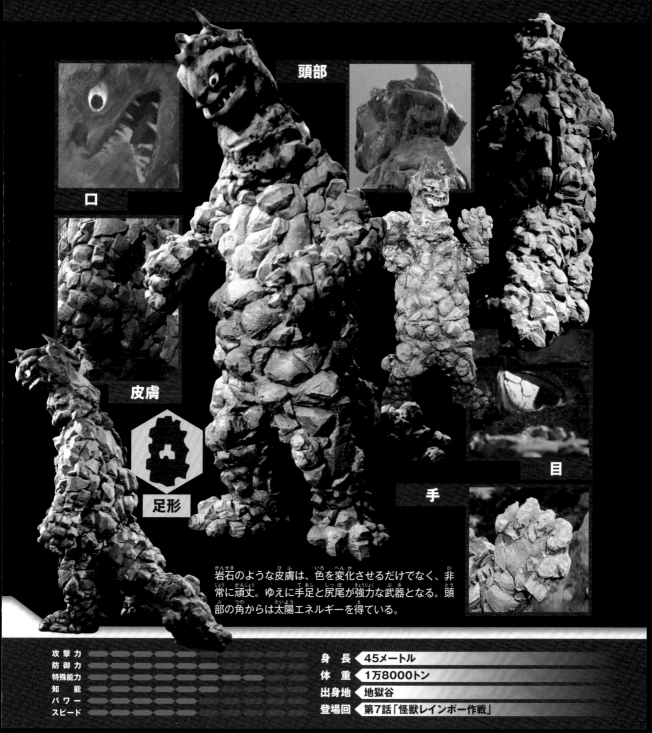

岩石のような皮膚は、色を変化させるだけでなく、非常に頑丈。ゆえに手足と尻尾が強力な武器となる。頭部の角からは太陽エネルギーを得ている。

攻撃力
防御力
特殊能力
知能
パワー
スピード

身長	45メートル
体重	1万8000トン
出身地	地獄谷
登場回	第7話「怪獣レインボー作戦」

ＭＡＴの郷隊員は、地獄谷で岩盤の大きな傷や咆哮のような音を確認。また、撮影した写真に怪獣らしき姿が写り込んでいたことから、ゴルバゴスの存在が発覚する。だが、体の色を周囲の景色と同化させる能力のため、ＭＡＴの調査は難航。そこでゴルバゴスを７色の塗料で着色し、身を隠せなくする「レインボー作戦」を敢行した。

自然界に保護色や隠蔽色を持つ生物は多いが、それは天敵から身を守るため。地獄谷にはゴルバゴスの他に、さらに強大な怪獣が存在した可能性もある。

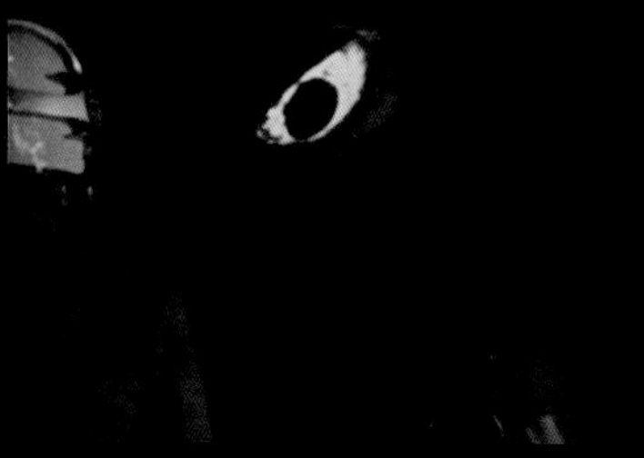

体の色を自在に変え、風景に溶け込んで身を隠す。瞬時に変色することから、ＭＡＴからは「透明怪獣」とも称された。夜行性のため、昼は非常におとなしい。

皮膚は変色するだけでなく、かなり頑丈で、防御力も高い。ＭＡＴによる様々な攻撃にも傷一つ負わなかったが、口の中を銃撃された際には烈火のごとく怒った。

口から高熱の火炎弾を吐く。また、怪力を活かした岩石投げやパンチでの攻撃も得意。しかし、日中に他者を襲うことはなく、夜間にのみ獰猛になる。

パワー勝負の格闘戦で歯が立たず

ウルトラマンとの攻防

出現したウルトラマンに背後からつかみかかられるが、これを投げ飛ばし、さらに火炎弾で追撃。だが、あっさり防がれ、二の矢の岩石攻撃も大したダメージは与えられず。逆に「ウルトラリフター」で高々と持ち上げられ、投げ飛ばされてしまう。そこからは格闘戦となり、自慢の怪力で挑むが、技術に勝るウルトラマンにさらに何度も投げられ、完全に戦意を喪失。背中を見せ、地面に潜って逃げようとするが、背後から「スペシウム光線」を浴びて息絶えた。日中はおとなしい怪獣だけに、戦闘はあまり得意ではなかったのかもしれない。

ウルトラマンを二度も投げ飛ばしたが、最後は光線技で倒された。

爆弾怪獣

ゴーストロン

黄金をむさぼる「のんびり屋」

大杉谷に出現した、全身が金色の皮膚に覆われた怪獣。派手な外見ではあるが、決して凶暴な性格ではなく、激しく暴れ回るようなことはない。そのため、危険度の低い怪獣だと言える。

怪獣にしては小柄で、動きは鈍い。1日の行動能力は20キロメートルと分析されたが、頭に血が上った状態では高速で移動している。性格的に無駄に動いたり暴れたりするのを好まないだけで、能力が低いというわけではなさそうだ。

基本的には地底を棲みかとし、地中を掘り進んで移動する。地中に潜むことが多いせいか、視力が衰えており、20メートル程度しか目視できない。その代わり、聴力が非常に発達していて、音で危険を敏感に察知する。また、大きな音のする方向へ移動する性質がある。

好物は金で、1日で金鉱1つを全て食べ尽くしてしまうとも言われている。体の色も、好物によるものかもしれない。

口からは「ファイヤーマグマ」という高熱火炎を吐き、敵を攻撃する。長い尻尾や頑丈な手も強力な武器になるようだ。

足形

目

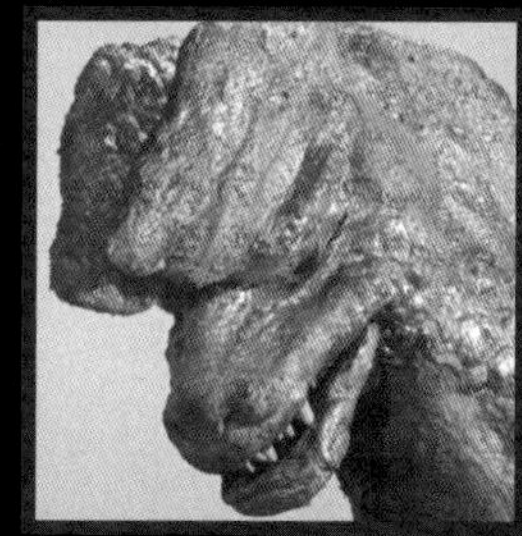

頭部

金色に輝く皮膚は、鉄よりも硬い。また、汗をかくと、輝きが増すという。2つに分かれた背ビレは、強力な電磁波を発することが可能。その威力はビルをも壊すほど。足は遅いが、キック力は強いとされる。

背ビレ

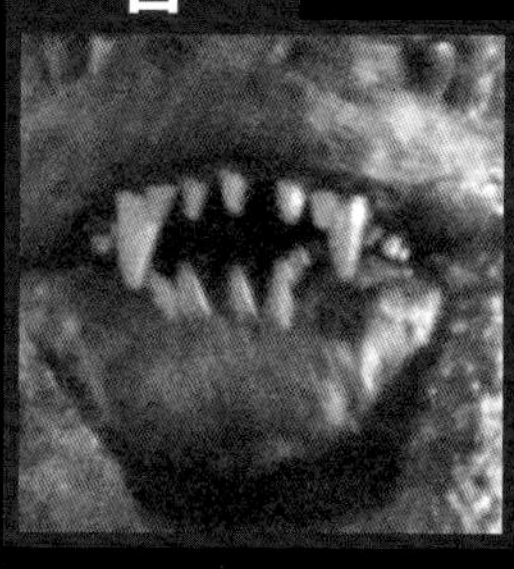

口

攻撃力
防御力
特殊能力
知能
パワー
スピード

身長	40メートル
体重	2万トン
出身地	大杉谷
登場回	第8話「怪獣時限爆弾」

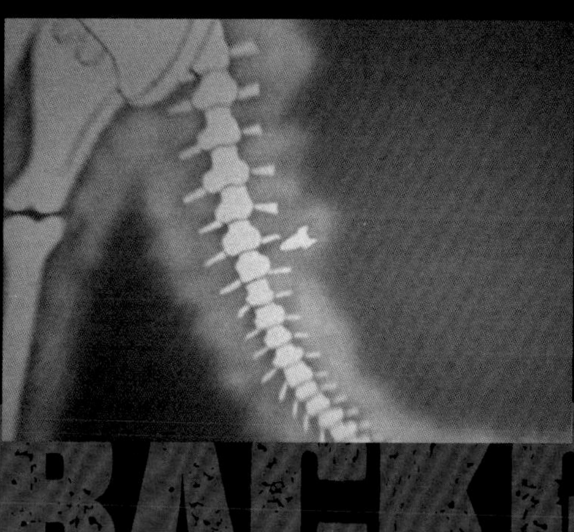

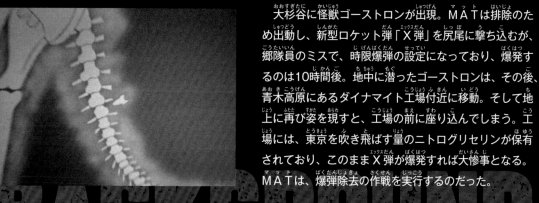

大杉谷に怪獣ゴーストロンが出現。MATは排除のため出動し、新型ロケット弾「X弾」を尻尾に撃ち込むが、郷隊員のミスで、時限爆弾の設定になっており、爆発するのは10時間後。地中に潜ったゴーストロンは、その後、青木高原にあるダイナマイト工場付近に移動。そして地上に再び姿を現すと、工場の前に座り込んでしまう。工場には、東京を吹き飛ばす量のニトログリセリンが保有されており、このままX弾が爆発すれば大惨事となる。MATは、爆弾除去の作戦を実行するのだった。

BACKGROUND

まるで金塊のような体がトレードマーク。凶暴怪獣アーストロンとは、体形や口から吐く火炎など、よく似た特徴を持っているため、兄弟という説もある。

口から吐くファイヤーマグマで敵を攻撃する。ただ、視力が悪いため、敵が20メートル付近に近づくまで反応できない。

性格は基本的に温厚で、ゆっくりと動く。あくびをしたり、飛び跳ねてあぐらをかいたりと、愛らしい行動も見せる。

ウルトラマンとの攻防

爆弾と共に大空の彼方で散る

尻尾を引っ張り、工場から遠ざけようとするウルトラマンに対し、ゴーストロンも抵抗。だが、ウルトラマンを投げ飛ばすと、それ以上の攻撃はせずに、工場の前に再び座り込む。X弾の爆発時刻が迫る中、ウルトラマンは瞬時に爆発を避ける方法をシミュレーション。そして「ウルトラドリル」で地面を掘り進むと、地中からゴーストロンを持ち上げ、そのまま上空へと飛行。やがてタイムリミットを迎え、ゴーストロンは空の彼方で大爆発した。

ゴーストロンが攻撃を仕掛けた時間は短く、性格の穏やかさを証明した形となった。

ウルトラマンを前にしても、あぐらをかいて座るマイペースさを見せた。

古代怪獣

ダンガー

長き眠りから覚めた「ワンレンコブ」

太平洋上の無人島の洞窟で、人知れず眠っていた古代怪獣。火山活動によって頻発した地震の影響で、目を覚ました。

外見上の特徴として目を引くのは、頭部を囲むように生えている、まるでソーセージのような形状のコブだろう。このコブの一つ一つには太陽から得たエネルギーが蓄えられており、長時間の行動を可能にするスタミナを生み出している。その反面、コブを失うと、大幅に弱体化してしまう。また、このコブを振り回すことで、目前の敵を威嚇する。

上アゴからは1本の長く鋭い牙が生えていて、この牙を使って、敵の脳天を突き刺す「脳天垂直割り」という恐ろしい技を繰り出す。

手にも、指の代わりに長く鋭い1本のツメがあり、この両手を使った連続パンチも得意技としている。また、洞窟に生き埋めとなった際には、両手のツメで岩をかき分け、地上へと這い出した。

岩石のような皮膚は見た目の通りとても頑丈で、その硬さは鋼鉄以上とも言われる。ゆえに防御力が高く、マットシュートの銃撃やロケット弾による攻撃も通用しなかった。その一方、動きは身軽で、フットワークが良い。

コブ

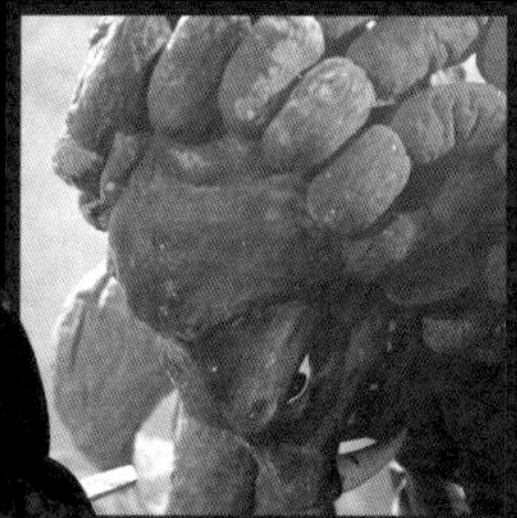

頭部

口

目からは強烈な眼光を発し、敵を一瞬で金縛り状態にするという。また、嗅覚もかなり鋭い。長い尻尾は、見た目は細いが強靭で、岩石を砕くほど。

足形

手

足

攻撃力
防御力
特殊能力
知能
パワー
スピード

身長	53メートル
体重	2万6500トン
出身地	太平洋上の無人島
登場回	第9話「怪獣島SOS」

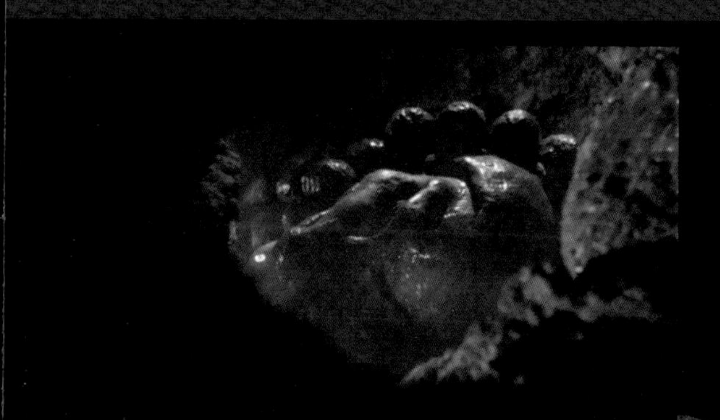

太平洋の孤島に滞在していた海底資源調査隊は、1日に数回、怪獣のうめき声のようなものを聞いていた。その話を聞いたＭＡＴの南隊員は、持っていたモンスターソナー（怪獣探知機）で洞窟内を調査。そこで、冬眠状態の怪獣ダンガーを発見する。

目を覚ます前に地中深くに埋めてしまおうと考えた南隊員は、洞窟をダイナマイトで爆破。しかし、群発地震によって目を覚ましかけていたダンガーは、爆発のショックで完全に覚醒してしまうのだった。

BACKGROUND

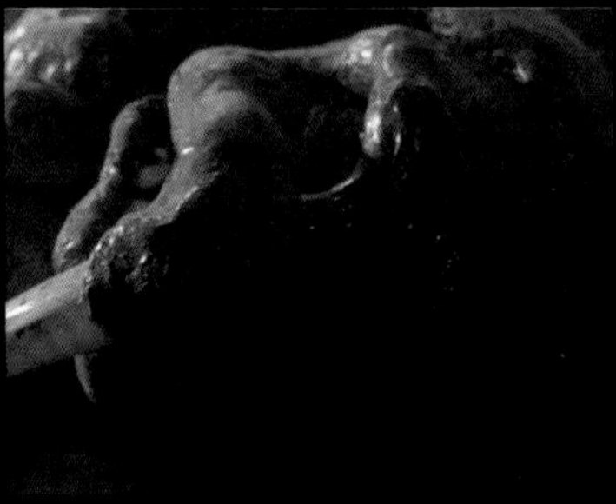

無人島の大きな洞窟の中で、静かに眠っていた。その長い尻尾は、巨大な岩石も一撃で砕いてしまうという。

最大の武器は、上アゴから伸びる牙と、両手の長いツメ。軽快な動きで敵を追い詰め、パワーで攻撃する。

長髪のように連なるコブが、エネルギーの源。広げることで敵を威嚇するが、ウルトラマンにほとんどもぎ取られた。

ウルトラマンとの攻防

力の源をむしり取られて敗北

ウルトラマンとは格闘戦を展開。ウルトラマンの投げをかわし、軽やかなフットワークで動いてパンチで応戦するなど、序盤はダンガーのペースに。しかし、ウルトラマンに頭部周りのコブをほとんどむしり取られてしまうと、形勢は逆転。パワーを失ってしまい、あっさりと「ウルトラリフター」で投げ飛ばされ、さらに、コブを失った頭部に「スペシウム光線」を浴びて、絶命した。

そもそもダンガーは、無人島でおとなしく眠っていた怪獣だ。そこに人間がやって来たことが、最大の悲劇だったのかもしれない。

コブを失ったダンガーは、まるで別物。序盤の善戦がウソのように倒された。

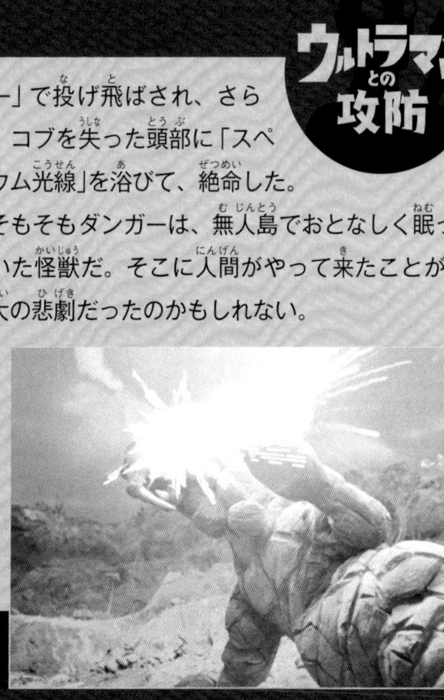

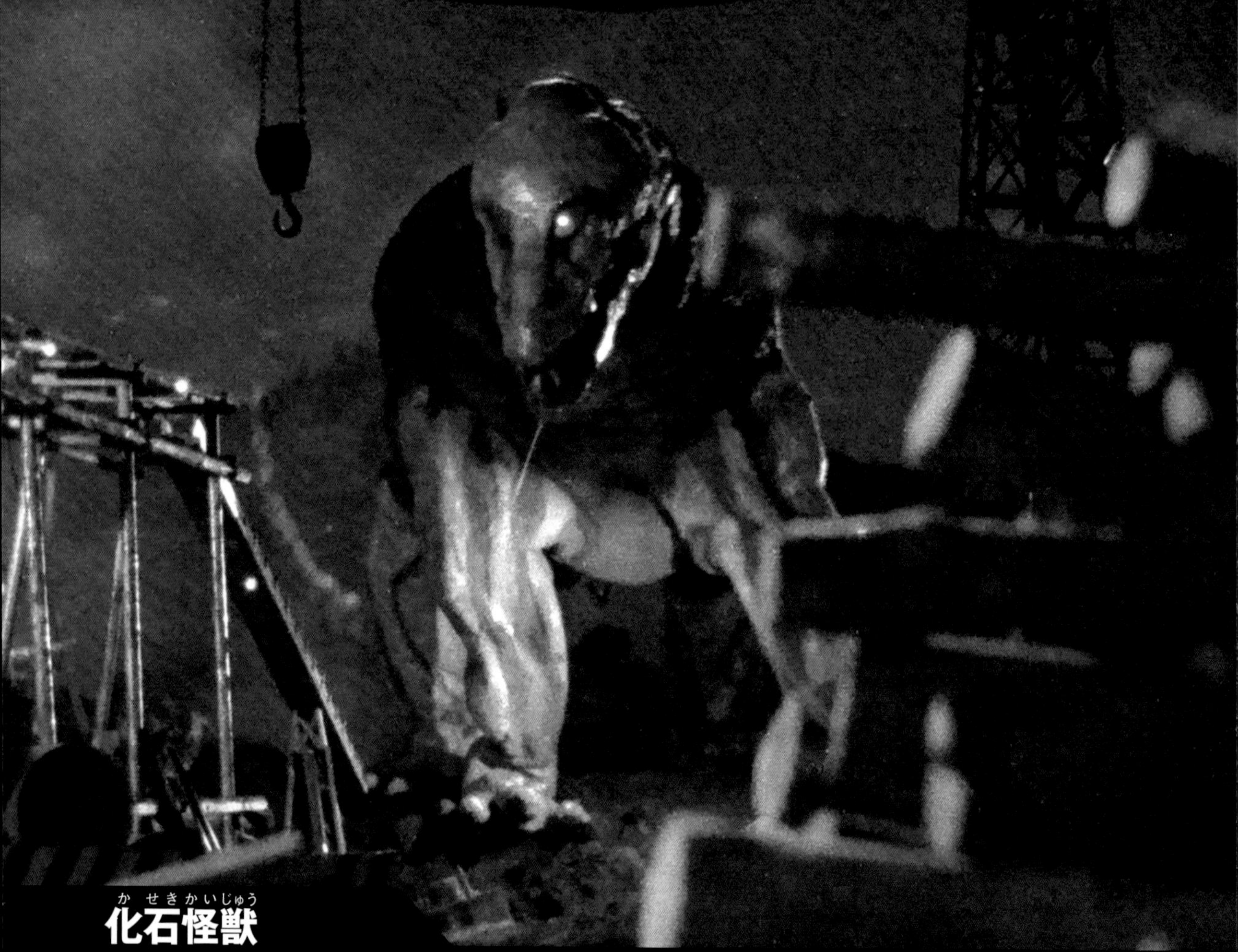

化石怪獣

ステゴン

現代に蘇った「巨大ガイコツ恐竜」

地中深くに眠っていた巨大な恐竜の化石が、ダイナマイトの爆発の影響で、怪獣として復活したもの。性格はおとなしく草食性で、自ら攻撃を仕掛けるようなことはない。

恐竜のガイコツのような見た目をしているが、実体は骨だけではなく、プラスチックの数百倍とも言われる硬度の皮膚もある。

その皮膚からは、強酸性の黄色い溶解液がにじみ出ている。これは恐竜の胃液と同じ成分だとされ、触れた人間をたった数秒で溶かしてしまう。また、それとは別に、何でも腐敗させるほどの毒性を持った、強烈な匂いの体液（汗）も分泌すると言われている。

溶解液は口からも常にたらしている。他にも、白色の消火霧を口から噴出することが可能で、炎を消火できる他、攻撃にも利用する。

四足で歩行し、地上での動きは決して速くはない。しかし、ＭＡＴからの攻撃を受けた際には瞬時に地中に潜行したことから、地底では俊敏に動く怪獣であると推察される。

赤く発光する目は、赤外線による透視能力を有し、暗闇でも１万メートル先まで見通すことが可能。また、長い尻尾は、ひと振りでダムを破壊する力を秘めているという。

尻尾

皮膚

目

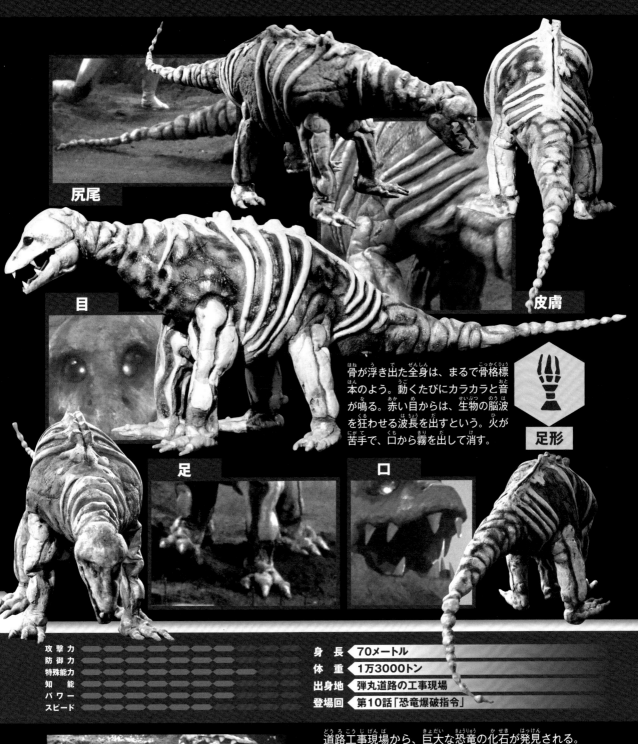

骨が浮き出た全身は、まるで骨格標本のよう。動くたびにカラカラと音が鳴る。赤い目からは、生物の脳波を狂わせる波長を出すという。火が苦手で、口から霧を出して消す。

足形

足

口

攻撃力
防御力
特殊能力
知能
パワー
スピード

身長	70メートル
体重	1万3000トン
出身地	弾丸道路の工事現場
登場回	第10話「恐竜爆破指令」

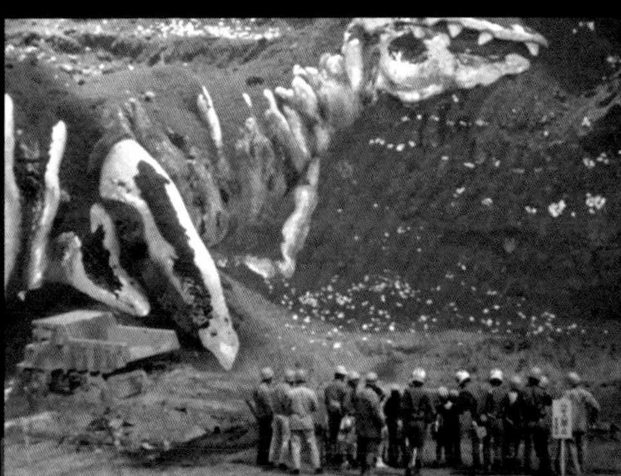

道路工事現場から、巨大な恐竜の化石が発見される。MATの郷隊員らは危険性はないと判断。化石の発見者である「怪獣研究会」の小学生たちは、ステゴサウルスから「ステゴン」と名付け、発掘作業を進めようとする。しかし、工事の遅延を恐れた作業員たちは、ダイナマイトによる化石の爆破を決行。ただ、化石は壊れず、化石からにじみ出た溶解液で作業員が泡と化してしまう。駆けつけたMATによって再びダイナマイト爆破が行われると、完全に怪獣として蘇るのだった。

BACKGROUND

頭蓋骨のような頭部と、骨格が浮き出たような体が特徴的。尻尾も、まるで骨が動いているかのように見える。陸上では四足歩行で移動する。

火に弱く、火を前にすると口から出す消火霧ですぐに消してしまう。消火霧は、戦闘時には毒ガスのような武器にもなる。

人間を簡単に溶かしてしまう強力な溶解液を口からたらしているが、肉食ではなく草食性。性格も極めて穏やかだ。

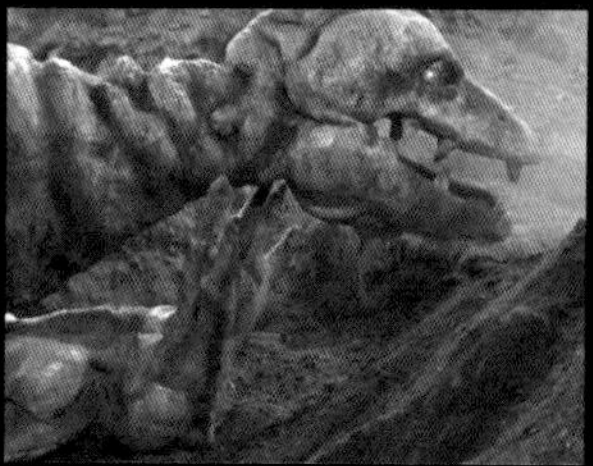

ウルトラマンとの攻防

子どもたちの願いで「宇宙の星」に

食料を求めて地上に現れたところに、待ち伏せしていたＭＡＴが攻撃。そこへ登場したウルトラマンとも戦闘になる。「スペシウム光線」を浴びても動けるほどの頑丈さを見せつけるが、明らかに戦闘の意思はなく、ひたすら逃げの行動を取るばかり。消火霧で多少の抵抗は見せたものの、ＭＡＴが撃ち込んだ麻酔弾の効果もあり、動きが鈍くなってしまう。

それを見たウルトラマンは「ストップ光線」で完全にステゴンの動きを止めると、宇宙へと運んでいった。ステゴンは、今も宇宙のどこかで静かに眠っていることだろう。

子どもたちからの「ステゴンを殺さないで」という願いに応えた結末だった。

毒ガス怪獣

モグネズン

死の煙を吐き散らす「西の沢の化学兵器」

旧日本軍が廃棄した毒ガス兵器「イエローガス」のカプセルを食べた地底怪獣。イエローガスとは、極めて即効性の高い神経ガスで、ほんのわずかな量を吸い込んでも、10秒以内に絶命してしまうという。

モグネズンは、このガスを体内に摂取したことで、自身も口からイエローガスを放出できるようになり、縄張りである西の沢で映画の撮影をしていたロケ隊や、森林で伐採をしていた作業員たちの命を瞬時に奪った。

背中には無数のトゲが付いており、このトゲにも猛毒が含まれている。また、背中からは「フラッシュ光線」という強力な閃光を放つこともできる。

力は強大で、格闘戦を得意としている。鋭い歯を活かした噛みつきも繰り出すなど、攻撃手段は実に多彩だ。

足の力も強く、軽快な動きを見せる。巨大な手で地面を掘り進み、地中に姿を隠すこともできる。

ただ、この怪獣が人類の脅威となったのは、人間が作り出した毒ガス兵器が原因なのは間違いない。モグネズンもまた、戦争の被害者であると言えるかもしれない。

頭部

目

口

ハリネズミのような背中のトゲが特徴。頭から尻尾まで生えており、他の部分の皮膚も非常に頑丈。手に3本、足には2本のツメがある。口には鋭い牙が多数確認できる。

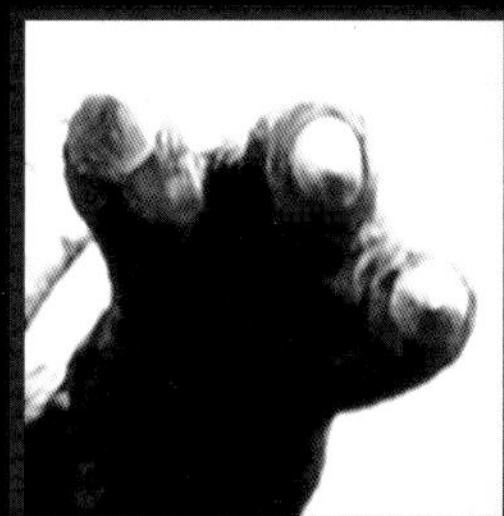

手

尻尾

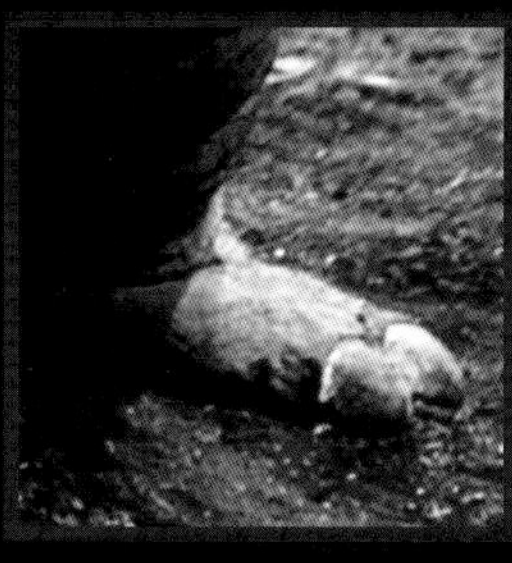

足

足形

攻撃力
防御力
特殊能力
知能
パワー
スピード

身長	47メートル
体重	2万4000トン
出身地	西の沢の地底
登場回	第11話「毒ガス怪獣出現」

西の沢で怪獣を見たという報告があり、MATが捜索すると、映画の撮影隊が全滅しているのを発見。死因は猛毒のイエローガスによるものだった。実は第二次世界大戦中、旧日本軍は敵軍のマスタードガスやVX弾に対抗するため、致死性の高いイエローガスを開発。だが、未使用のまま終戦を迎え、570トンものガスのカプセルが、極秘裏に西の沢の地底に廃棄されていた。地底に棲む怪獣モグネズンは、このカプセルを体内に取り込み、イエローガスを吐き散らしていたのだ。

西の沢の地底に棲息。地中を掘り進むうちに、埋められていた大量のイエローガスのカプセルを見つけ、まるごと口にしたのだと推察される。

最大の武器は、口から吐き出す猛毒のイエローガス。ＭＡＴはモグネズンの口をネットで封じる作戦を敢行したが、あえなく失敗に終わった。

戦闘能力に優れ、噛みつきや背中から放出するフラッシュ光線で敵を攻撃。硬い皮膚と、毒を帯びた背中のトゲが、防御力を高めている。

猛毒のガス攻撃で追い詰めるも……

ウルトラマンとの攻防

まずは、素早い動きでウルトラマンの背後を取り、噛みつきで攻撃。右腕に大きなダメージを与えると、背中からフラッシュ光線を放出し、優位に戦いを進める。さらに、弱ったウルトラマンをイエローガスで追撃。さすがに10秒で絶命することはなかったが、ダウンさせることに成功する。

だが、ＭＡＴが投下した可燃ガスに、ウルトラマンが「スペシウム光線」で火をつけると戦況は一変。モグネズンは猛反撃を受けたあげく、ガス切れを起こし、最後は「ウルトラスピンキック」でトドメを刺された。

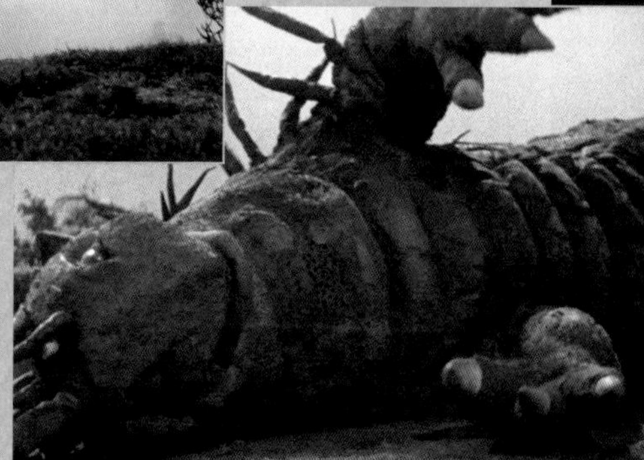

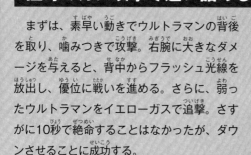

ＭＡＴの援護がなければ、毒ガスの前に、ウルトラマンが敗れていた可能性もあったかもしれない。

音波怪獣

シュガロン

自動車社会を憎む「白神山の守り神」

白神山の地中を棲みかとする怪獣。マシュマロのような丸みを帯びた皮膚に全身を包まれているのが特徴で、この皮膚にはゴムのような弾力があり、ロケット弾をもはね返す。ゆえに、防御力はかなり高い。

口から放射する熱線が最大の武器で、あらゆる物を焼き払う。その威力は凄まじく、直撃を受けたウルトラマンは昏倒し、起き上がれないほどだった。また、力が非常に強く、バイパス道路の橋も一撃で破壊してしまう。パンチを連打したり、突進で体当たりしたりと、格闘の技術にも秀でている。強靭な足によるキックや踏みつけ攻撃も得意だ。

硫黄を苦手としており、硫黄岩の多い谷には決して近づくことがなかった。しかし、MATの戦闘兼輸送機・マットジャイロの攻撃で右目を潰された後には、その谷へも侵入している。これは、失明により方向感覚を失ってしまったためと考えられる。

もともとはおとなしい性格だが、自動車やバイクが発する騒音を嫌い、白神山にバイパス道路が開通してから暴れ出すようになった。もし人間による開発がなければ、山で穏やかに暮らし続けていたことだろう。

頭部

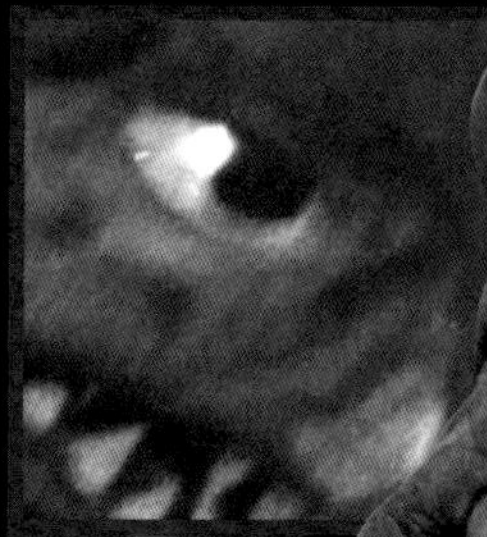

目

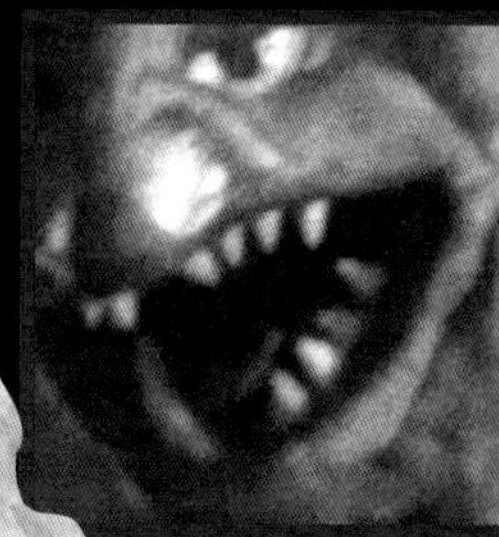

口

尻尾

手

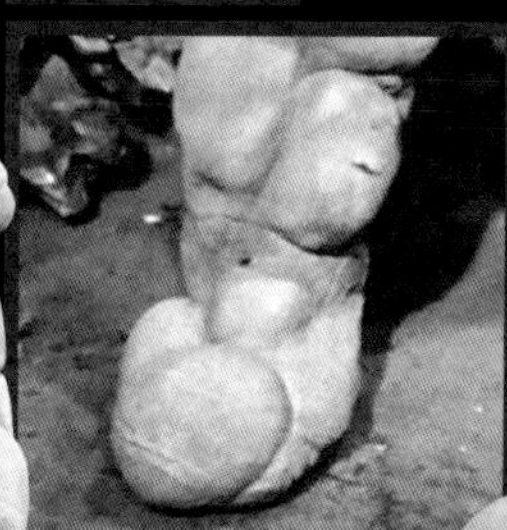

足

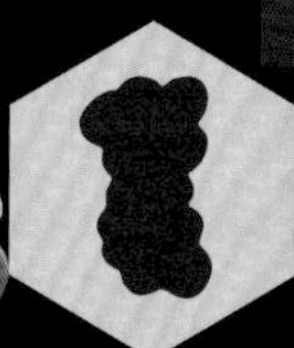

足形

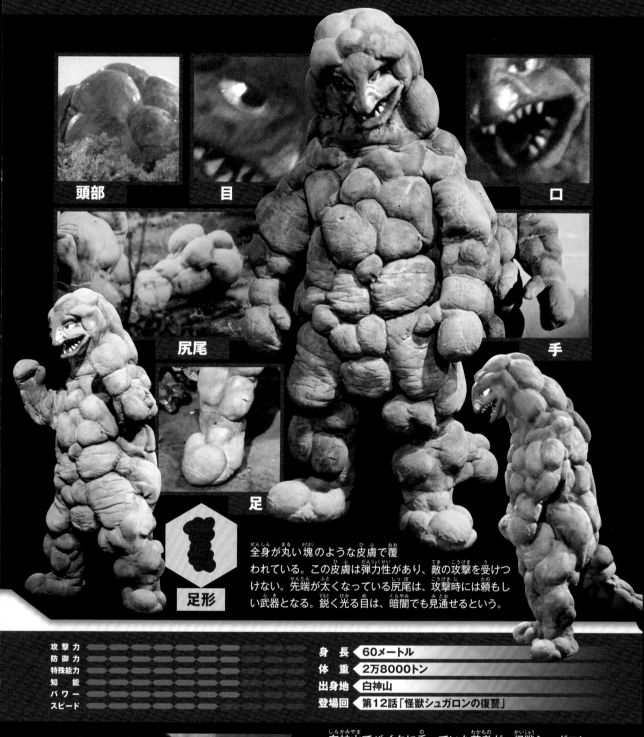

全身が丸い塊のような皮膚で覆われている。この皮膚は弾力性があり、敵の攻撃を受けつけない。先端が太くなっている尻尾は、攻撃時には頼もしい武器となる。鋭く光る目は、暗闇でも見通せるという。

攻撃力
防御力
特殊能力
知能
パワー
スピード

身長	60メートル
体重	2万8000トン
出身地	白神山
登場回	第12話「怪獣シュガロンの復讐」

白神山でバイクに乗っていた若者が、怪獣シュガロンに襲われて命を落とす。MATは警戒体制を敷き、近隣に住む女性の保護に動く。そこで、彼女が世界的に有名な牛山武画伯の娘・静香で、交通事故で負傷した彼女の療養のため、自動車の往来がない山へ移住したことが判明。車を敵視し、凶暴化したシュガロンは、まるで娘を守っているようでもあった。画伯はすでに死去しており、娘を想う彼の魂が怪獣化したか、あるいはもともと、山に棲息していた怪獣に乗り移ったのかもしれない。

BACKGROUND

地中に棲むおとなしい怪獣だったが、白神山にバイパス道路が通って以降、凶暴化してしまった。

全身を覆う丸い皮膚が大きな特徴。弾力性に優れ、高い防御力を生み出す。同じく手足と尻尾も、強力な武器となる。

圧倒的な怪力を有し、格闘戦を得意とする。軽快なフットワークで、パンチやキックを繰り出す。口から吐き出す高温の熱線も、非常に攻撃力が高い。

ウルトラマン相手にがっぷり四つの格闘戦

ウルトラマンとの攻防

格闘戦では引けを取らなかったが、「ウルトラかすみ斬り」に敗れた。

出会い頭、ウルトラマンの顔面キックで転倒してしまうが、すぐに起き上がって体当たりでダウンを奪うと、パンチとキックの連打で追撃。だが、ここでなぜか攻撃を止め、その場を立ち去ろうとする。すかさずウルトラマンが背後から攻めるが、逆に熱線で大ダメージを与える。しかし、ここからウルトラマンが反撃。「ウルトラ頭突き」に「空中回転逆落とし」、最後は「ウルトラかすみ斬り」と、大技を次々と食らい、絶命した。

序盤はウルトラマンを圧倒していただけに、途中で攻撃を止めなければ勝てていたかもしれない。

津波怪獣

シーモンス

厄災を呼ぶ「たくましき怪獣妻」

西イリアン諸島近海に棲息している、雌の怪獣。夫は竜巻怪獣シーゴラスで、現地の住民から守り神として崇められていた。

おとなしい性格だが、産卵期に入ると気性が荒くなる。産卵期には海を渡って産卵すると言われており、タマゴの殻を作る養分を得るために鉱物を食べる習性がある。なお、産卵時には、砂塵を巻き上げるほどの鼻息を上げながら準備を行うという。

攻撃を受けると咆哮をあげ、夫のシーゴラスを呼び寄せる。角から放つ閃光でも自身の危機を夫に伝えているようで、シーゴラスの角から発せられた閃光と呼応して、大津波や大竜巻などを発生させる。さらに、角は頭突きなど物理的な攻撃にも利用する。

四足歩行で行動し、陸上でも水中でも自由に動き回る。シーゴラスは二足歩行なので、雄と雌とで骨格が大きく異なっているのだと考えられる。シーゴラスとは仲睦まじく、大竜巻で東京を瓦礫の山と変えた後には、夫に腹を見せて甘えるような仕草を見せた。また、ＭＡＴの攻撃でシーゴラスが角を失ってしまうと、戦意を失った夫に寄り添うようにして、東京湾を後にしている。

角

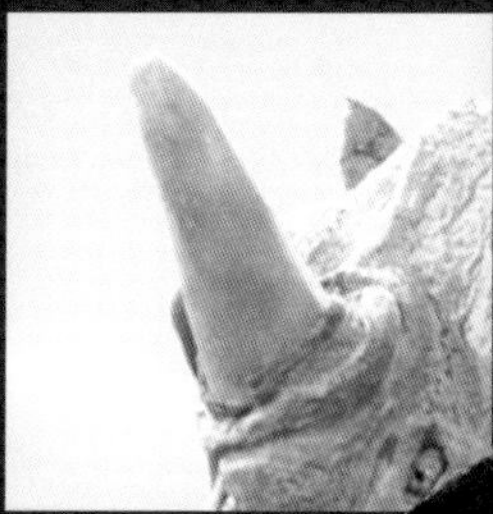

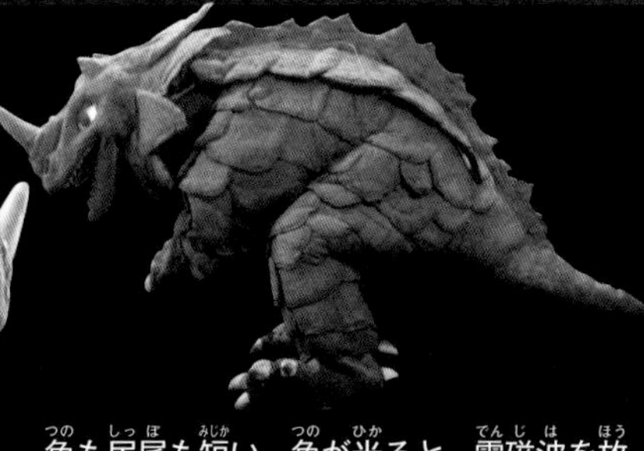

角も尻尾も短い。角が光ると、電磁波を放出するとされる。まるでうろこのような皮膚を持つが、高圧電流や爆破攻撃に苦しむ姿も見られ、さほど強くはないようだ。攻撃を仕掛けられない限り、おとなしい。

足形

口

足

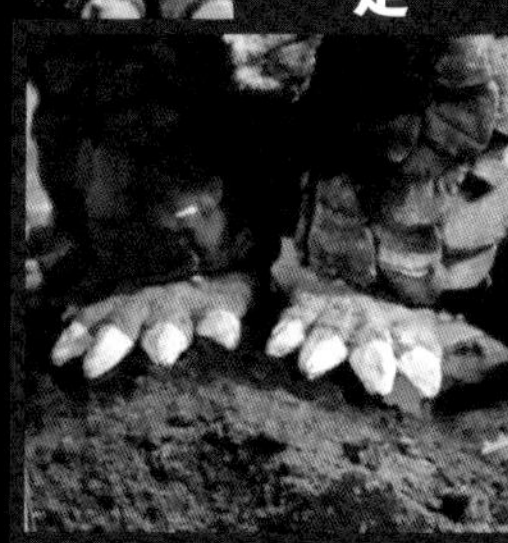

尻尾

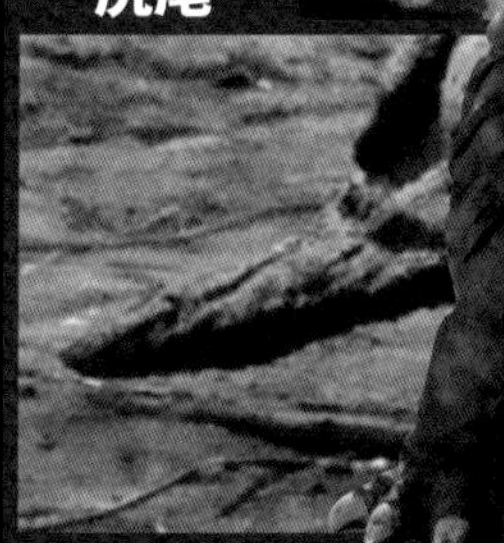

攻撃力
防御力
特殊能力
知能
パワー
スピード

身長	43メートル
体重	3万5000トン
出身地	西イリアン諸島近海
登場回	第13話「津波怪獣の恐怖 東京大ピンチ！」
	第14話「二大怪獣の恐怖 東京大龍巻」

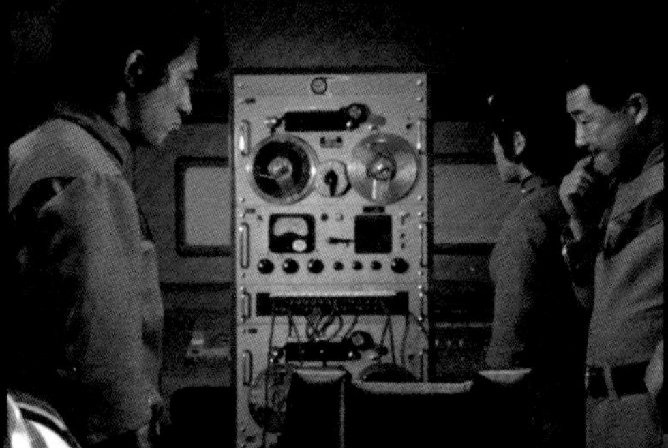

宝石の原石を運んでいた海神丸が、日本に向かう途中で沈没。生き残った高村船長は記憶を失っていたが、伝説の怪獣・シーモンスの関与を示唆。彼が口ずさんだ西イリアン諸島の伝承歌を解析すると、「シーモンスは気立ての優しい怪獣。だが、海を渡る時は気をつけろ。恐ろしいことが起こる」という内容であることが判明。実は、産卵期を迎えたシーモンスが、養分となる宝石を求めて船を襲撃していたのだった。その後、東京湾沿岸に、シーモンスが産卵の準備のために上陸する。

BACKGROUND

四足歩行で、動きは軽快かつパワフル。泳ぎも得意で、西イリアン諸島近海から東京湾まで海を渡ってきた。現地では、島の守り神だと歌にまでなっていた。

頭部の角は発光することで電磁波が発生する。これにより、夫であるシーゴラスと共に、津波や竜巻を引き起こすことが可能。放電で敵を攻撃する場合もある。

基本的に性格は温厚。それは気性が荒くなるという産卵期でも同様で、攻撃を仕掛けられない限り、暴れ回ることはない。攻撃時には夫を頼っているようだ。

ウルトラマンとの攻防

角を活かした突進攻撃で善戦

大津波と共に接近中のシーゴラスが「ウルトラバーリヤ」で海へ押し戻されると、仕返しとばかりにウルトラマンに突進。角で何度も空中に弾き飛ばし、撃退する。

夫婦そろって臨んだ再戦時には、シーゴラスがウルトラマンに投げ飛ばされたのを見て、猛突進で体当たり攻撃。だが、自らも投げ飛ばされてしまう。その後は、夫婦で挟撃態勢を取り、自慢の角を武器に連続攻撃。さらにシーゴラスと電磁波を発生させ、ウルトラマンの動きを完全に封じるが、シーゴラスがウルトラマンに敗れると、妻も戦闘を中止。海へと帰って行った。

MATの攻撃によって右目を負傷したが、攻撃の手は緩めなかった。

竜巻怪獣

シーゴラス

天変地異を誘う「頼もしき怪獣夫」

西イリアン諸島近海に、妻である津波怪獣シーモンスと共に棲息している雄の怪獣。

二足歩行で行動するが、水中も時速180キロメートルで泳ぐことが可能。これはMATの潜水艇・マットサブの2倍以上のスピードである。また、地中を掘り進むこともでき、その時速は60キロメートルと言われている。その際には、タンカーをぶち抜くほどの硬度を持つ、両手のツメを使っていると思われる。

シーモンスの危機を察知すると、卓越した移動力を発揮して駆けつける。攻撃力は高く、力も非常に強い。武器となるのは、噛みついたら離さないと言われている牙と、サイのように頭部に伸びる巨大な1本の角だ。特に、この角を発光させると、大津波や大竜巻を引き起こすことができるが、シーモンスとの呼応が不可欠だ。シーモンスと同時に放電して敵を攻撃することもある。

全身は魚のようなうろこで覆われており、非常に硬い。マットアロー1号、2号の攻撃も、全く受けつけなかった。

ウルトラマンとの戦いに敗れると故郷に戻ったが、後日、ナックル星人が送り込んだシーゴラス(再生)が東京を襲撃している。

足形

角

四足歩行の妻・シーモンスと異なり、二足歩行で行動する。太い2本の足で立ち、竜巻の中でもふらつくことはなかった。また、妻と比べて、角も尻尾も長い。角は非常に硬く、ミサイル攻撃でもビクともしないという。

目

口

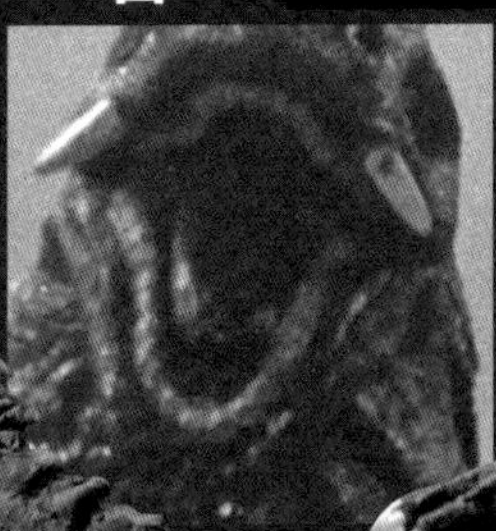

手

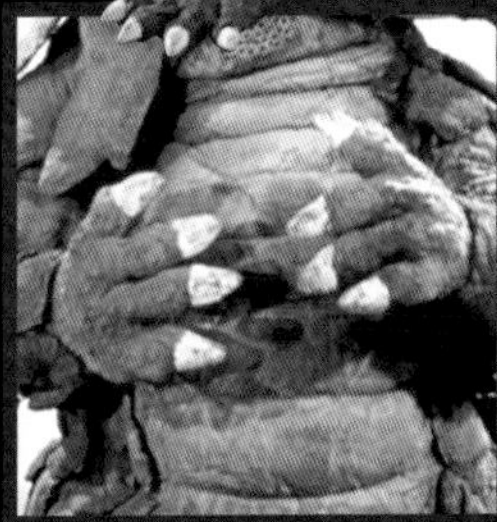

足

攻撃力
防御力
特殊能力
知能
パワー
スピード

身長	62メートル
体重	5万2000トン
出身地	西イリアン諸島近海
登場回	第13話「津波怪獣の恐怖 東京大ピンチ！」
	第14話「二大怪獣の恐怖 東京大龍巻」
	第37話「ウルトラマン 夕陽に死す」

産卵のため、東京に上陸した怪獣シーモンスに、自衛隊が爆破作戦を開始。すると、怪獣シーゴラスが津波を起こしながら伊豆沖に出現。妻の咆哮でその危機を察知したシーゴラスが、シーモンスのいる東京に向かって移動していたのだ。２怪獣が棲む西イリアン諸島の伝承歌には、「シーモンスをいじめると角光る。角光ればシーゴラスも怒る。海も天も地も怒り、この世は地獄となる」とも歌われていた。海の怒りとは津波を、天と地の怒りとは竜巻を意味していた。

BACKGROUND

インドネシアの東端、ニューギニア島の西半部を占める西イリアンの近海に棲息。地上、水中、地中と、どこでも難なく移動できる。

角から閃光を発し、電磁波を生み出す。シーモンスの角から出る電磁波と呼応することで、大きな津波や竜巻を引き起こす。

攻撃と防御、どちらも優れており、妻の危機には駆けつけて助ける。巨大な角は強靭だが、ＭＡＴの新兵器によって破壊されている。

自慢の角を奪われて戦意喪失

ウルトラマンとの攻防

まず、大津波を伴って東京湾沿岸に現れるが、ウルトラマンの「ウルトラバーリヤ」で海中に押し戻され、直接対決はなし。だが後日、攻撃を受けるシーモンスの下に地中から出現し、第２ラウンドがスタート。夫婦で2対1の戦いに持ち込むものの、ウルトラマンから何度も投げ飛ばされ、劣勢に。だが、妻の反撃をきっかけに逆襲。角からの放電攻撃を浴びせるも、ＭＡＴの新兵器「レーザーガンＳＰ70」で角が破壊されるとまたも形勢逆転。ウルトラマンの激しい攻撃に戦意を喪失し、そのまま故郷へと帰って行った。

放電攻撃で苦しめるが、ＭＡＴの援護をきっかけに敗北。最後は夫婦で戦闘から離脱した。

吸電怪獣

エレドータス

音もなく現れる「姿なき電気亀」

電気エネルギーを常食とする怪獣。電気を食べるため、東京近郊の電車や発電所を襲った。背中の巨大な甲羅が特徴で、外見は亀に酷似している。この甲羅は非常に強固で、体を守る盾となる一方、ひっくり返ると邪魔となってなかなか起き上がれない。

普段は全身が透明だが、電気を吸収することで姿を現す。透明状態では痕跡もなく動き、足跡さえも残らない。

吸収した電気は武器としても使用でき、甲羅や尻尾から強力な電撃を放つ。また、体中が帯電しているため、触れた者を感電させてしまう。電気は口から吸収するとされるが、尻尾からも吸うという説もある。さらに、口からは破壊光線を吐くことも可能。15万ボルトの威力があるといい、建物を一瞬で炎上させてしまう。頭部が弱点だが、甲羅の中に引っ込めることで、敵からの攻撃を回避する。

エレドータスの出自は不明だが、少年が作った怪獣とよく似ていて、弱点まで見抜いていた。この少年はエレドータスの襲撃で父が亡くなるところを目撃したが信じてもらえず、怪獣に街を破壊してほしいと強く願っていた。そのことと関係しているのかもしれない。

目

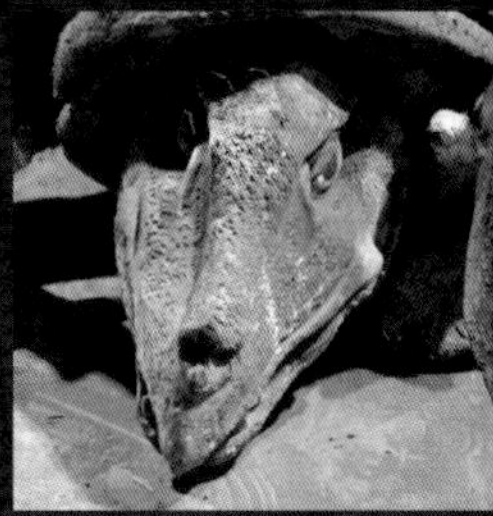

頭部

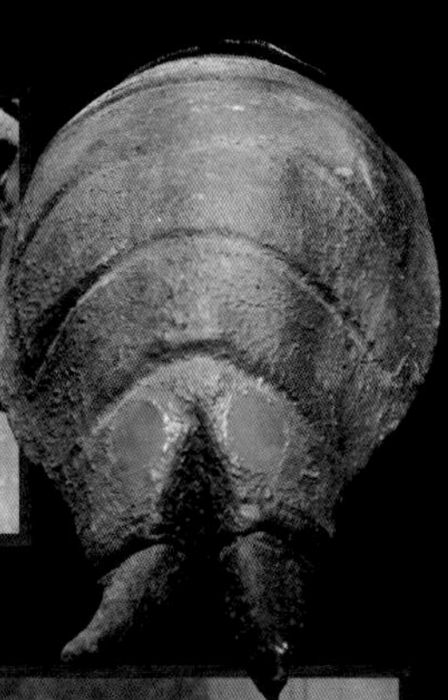

口

足形

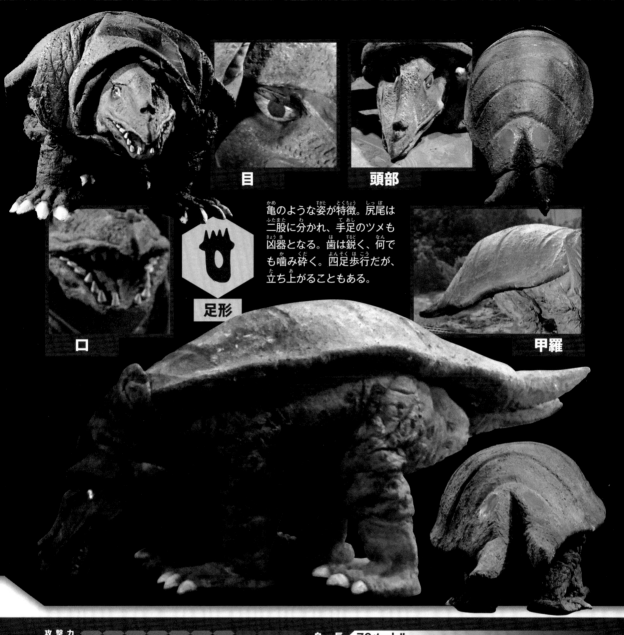

亀のような姿が特徴。尻尾は二股に分かれ、手足のツメも凶器となる。歯は鋭く、何でも噛み砕く。四足歩行だが、立ち上がることもある。

甲羅

攻撃力
防御力
特殊能力
知能
パワー
スピード

身長	70メートル
体重	3万4000トン
出身地	東京近郊
登場回	第15話「怪獣少年の復讐」

東京近郊で原因不明の停電が多発する中、鉄道が破壊される事件が発生。さらに、第一発電所付近のコンビナートが何者かの襲撃を受ける。実は、1年前にも列車事故が起き、大勢の人々の命を奪っていた。事故直前に変電所で異常な電圧低下が記録され、怪獣の目撃情報もあったが、MATの調査では足跡一つ見つからず、運転手の操作ミスによるものと結論づけられた。だが、これらは全て、電気を餌とする怪獣エレドータスの仕業だった。透明な体を持つため、その存在に気づかなかったのだ。

電気を食べるため、東京近郊に出現。電車などを襲撃した。姿を消していた1年の間の動向は不明。

口から電気エネルギーを吸収して糧とする。口からは強力な破壊光線を放出することもできる。

吸収した電気を使って攻撃する。甲羅と尻尾から放電する他、体中が電気を帯びている。硬い甲羅を持ち、防御力は高い。

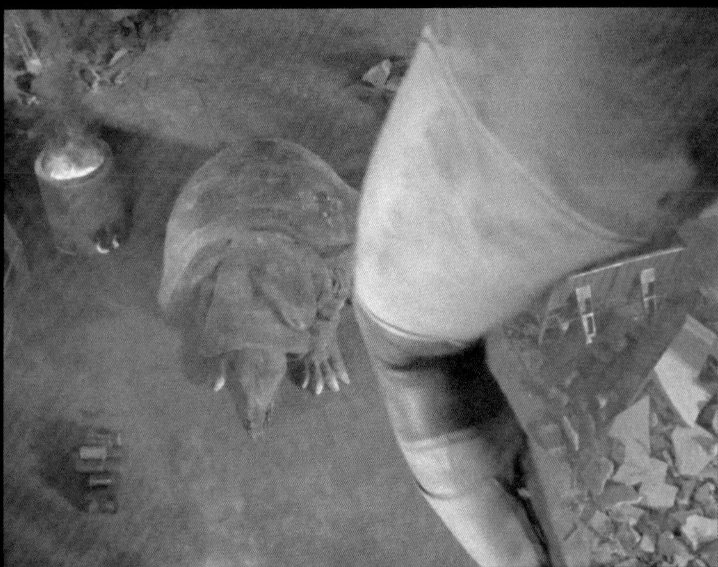

鉄壁の甲羅でも最後まで守り切れず

ウルトラマンとの攻防

戦闘開始直後から一方的に攻められるが、尻尾からの放電攻撃で応戦。しかし、投げで体をひっくり返されてしまい、足をバタバタとさせるだけの無防備状態に。なんとか起き上がると、襲いかかるウルトラマンに甲羅からの放電がカウンターヒット。電気を帯びる体を見せつけ、ウルトラマンの攻撃を完全にストップさせる。少年から「頭が弱い」とのアドバイスを聞き、ウルトラマンが攻撃を再開するが、逆に放電で返り討ちに。だが、ＭＡＴから首を攻撃されるとスキが生じ、ウルトラマンの「スペシウム光線」で爆発した。

放電で優位に立つが、ＭＡＴの攻撃で弱体化したのか、逆転負けを喫した。

始祖怪鳥

テロチルス

死の雪を降らす「極悪原始鳥類」

白亜紀にプテラノドンと共に生息していた翼竜の生き残り。翼長は120メートルにも及び、マッハ4の速度で飛ぶことができる。また、翼をはばたかせれば、風速100メートルもの暴風を発生させることが可能だという。

くちばしの上部には触角が2本あり、強力な破壊光線を発射する。腕力も強く、ビルを簡単に叩き崩してしまう。くちばしにも強大なパワーを秘めており、40万トンの物体をも持ち上げると言われている。また、非常に丈夫な皮膚を持ち、マットアローからの攻撃やウルトラマンの「スペシウム光線」を受けてもビクともしないほどの防御力を誇る。

口からは硫黄成分を含む白い結晶体を吐き出す。この結晶体を材料として、あらゆる場所に巣を作ることができる。なお、この白い結晶体は、排気ガスと化合すると赤い猛毒ガスを発生。このガスを浴びた人間は、目を痛め、一時的に視力を失ってしまう。

凶暴な肉食性の巨大翼竜で、大きな音を嫌う。大音量の音楽や旅客機の爆音に反応し、発生源に対して容赦なく襲いかかっている。こうした襲撃に加え、巣作りも夜間に行っていることから、夜行性であると推測される。

翼で空を飛ぶが、２本足で陸上を移動することも可能。足は意外に発達しており、優れた跳躍力を持つ。頭には角のような触角がある。

攻撃力
防御力
特殊能力
知　能
パワー
スピード

身　長	60メートル
体　重	1万8000トン
出身地	悪島
登場回	第16話「大怪鳥テロチルスの謎」
	第17話「怪鳥テロチルス 東京大空爆」

巨大な怪鳥が口から白い結晶体を吐き出し、東京のビル街に新しい巣を作り上げた。雪のように舞う白い結晶体には、火山でよく確認される硫黄の成分が含まれており、ＭＡＴの郷隊員はこの結晶体を運んでくる気流を追跡。そして、「悪魔の島」と呼ばれ、誰も近寄ろうとしない火山島・悪島の火口で、怪獣テロチルスを発見する。テロチルスは、火山の噴火を察知し、温暖化の影響で悪島と似た気候に変わりつつあった東京へ、移住するために飛来したのだった。

BACKGROUND

夜行性で、大きな音に対して凶暴性を発揮する。飛行中には、頭部の触角から、破壊光線を出して攻撃する。

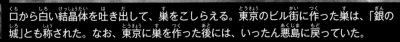

口から白い結晶体を吐き出して、巣をこしらえる。東京のビル街に作った巣は、「銀の城」とも称された。なお、東京に巣を作った後には、いったん悪島に戻っていた。

巨大な翼を持ち、超高速で飛行する。体が頑丈なため、飛行時にはその身が凶器と化す。衝突することで、旅客機や自衛隊機を墜落させている。

ウルトラマンとの攻防

スペシウム光線2発をはね返したが……

空中戦では無類の強さを見せたが、地上戦でのダメージが最後は尾を引いた。

潜伏していた悪島での第1戦は、激しい空中戦に。「スペシウム光線」が2発も直撃するが、これを耐え抜き、逆に破壊光線でウルトラマンを撃退する。東京に作った巣に舞い戻ってからの再戦では、地上で格闘戦を繰り広げるが、技術に勝るウルトラマンに押されてしまう。すかさず、戦いの舞台を空中へと移そうと飛び立ったものの、ウルトラマンに足をつかまれ、「空中回転落とし」で地上に叩きつけられて命を落とした。悪島での戦いは優勢だっただけに、慣れない東京という場所と、地上での格闘戦が命取りになったと言える。

宇宙大怪獣

ベムスター

万物を飲み込む「宇宙の吸引器」

カニ星雲から地球に飛来した宇宙怪獣。頭部にある口とは別に、腹部に五角形の「ベムスター口」を持っているのが特徴で、ここからあらゆるエネルギーを吸収する。ガスタンクや宇宙ステーションなど、相当な質量のある物体でも飲み込むことが可能だ。顔は鳥に似ていて、鳴き声も鳥のようだ。くちばしは、どんな宇宙合金でも砕いてしまうほどの硬度を持つ。頭頂部には1本の角が生えており、ここから黄色い破壊光線を発射する他、レーダーの役割も果たしているとされる。

強靭な腕からは強力なパンチを繰り出し、尖った手の先からは敵を金縛りにする光線を発射する。また、両腕には巨大な羽が付いており、ムササビのように広げることで、マッハ5の速度で飛行可能。宇宙空間はもちろん、大気圏内でも飛ぶことができ、空中旋回を行うなど自在に滑空する。また、はばたきによって砂嵐を巻き起こし、相手を攻撃することもある。地上では2本の足で立ち、俊敏な動きを見せる。相手を蹴飛ばしたり、踏みつけたりする攻撃も繰り出す。

ウルトラマンに敗北するが後日、ナックル星人がベムスター（再生）を送り込んでいる。

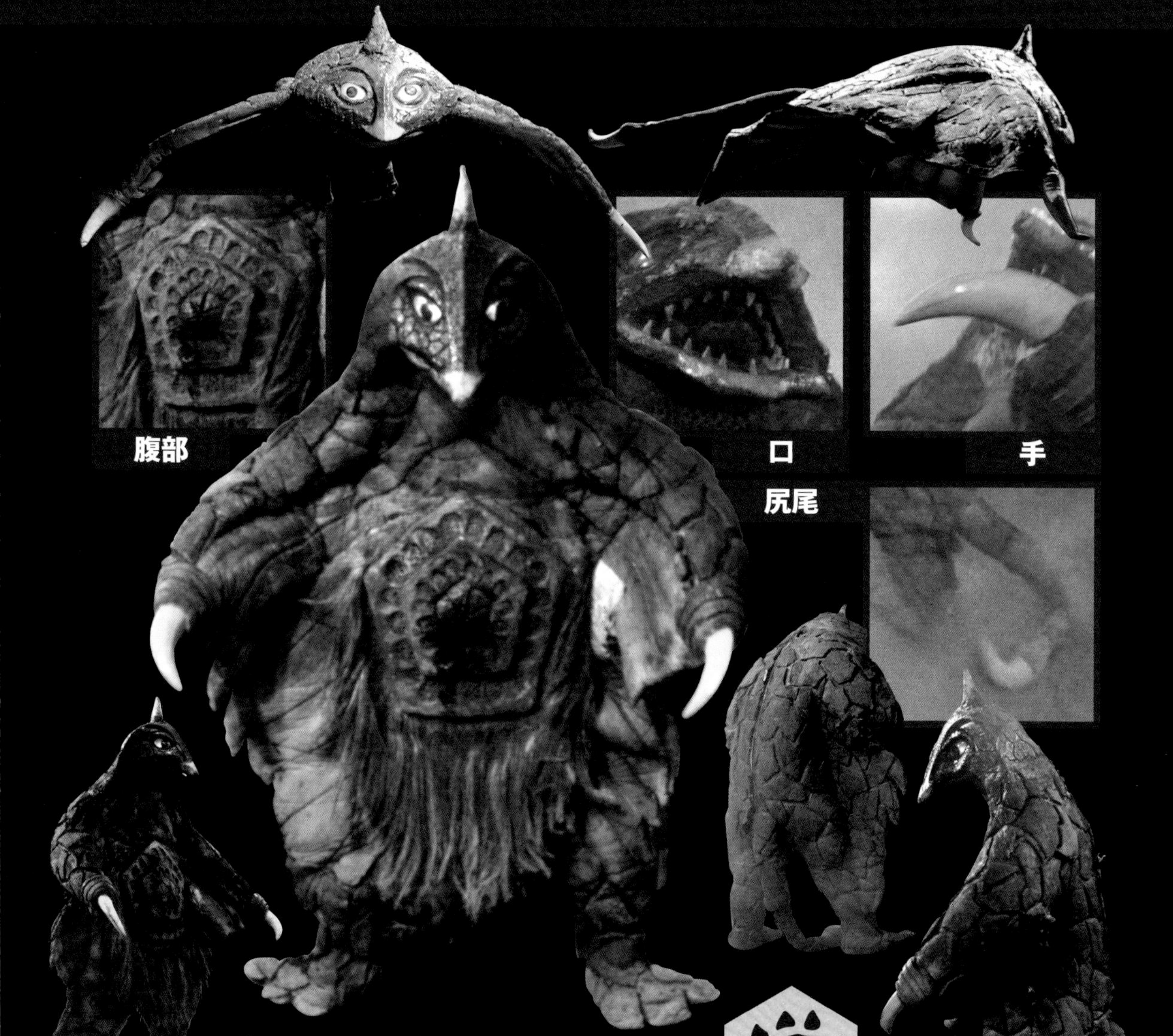

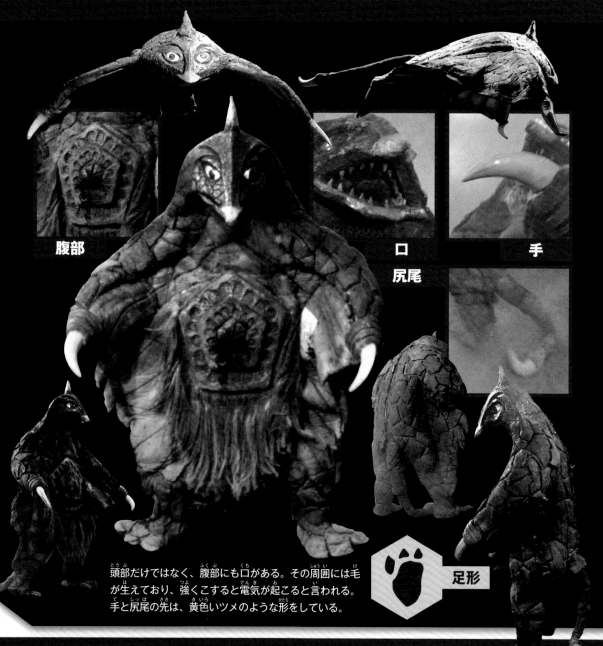

頭部だけではなく、腹部にも口がある。その周囲には毛が生えており、強くこすると電気が起こると言われる。手と尻尾の先は、黄色いツメのような形をしている。

攻撃力	
防御力	
特殊能力	
知能	
パワー	
スピード	

身長	46メートル
体重	6万1000トン
出身地	カニ星雲
登場回	第18話「ウルトラセブン参上！」
	第37話「ウルトラマン 夕陽に死す」

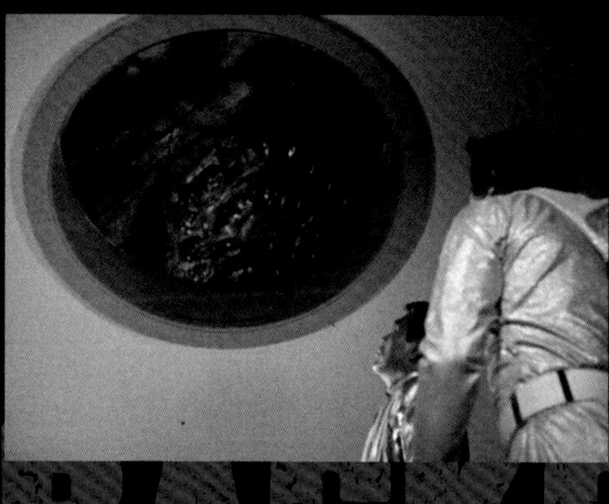

MATの宇宙ステーションが宇宙怪獣に襲撃される事件が発生。基地内の動力エネルギーは全て吸い上げられ、さらに腹部にある口でステーションが丸飲みされてしまう。怪獣の正体はベムスターで、水素や窒素、ヘリウムといったガスをエネルギー源としていた。その後、ベムスターはエネルギーを求めて地球へ飛来。ガスコンビナートを襲撃して、腹部の口でタンクからガスを吸収すると、討伐に現れたウルトラマンの「スペシウム光線」をも吸収して、自らのエネルギーとするのだった。

BACKGROUND

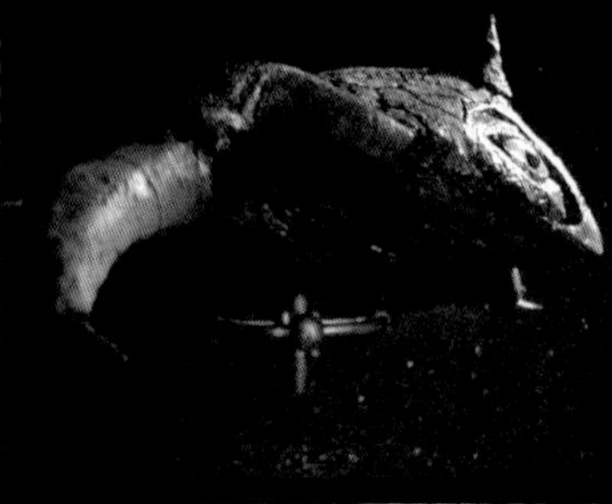
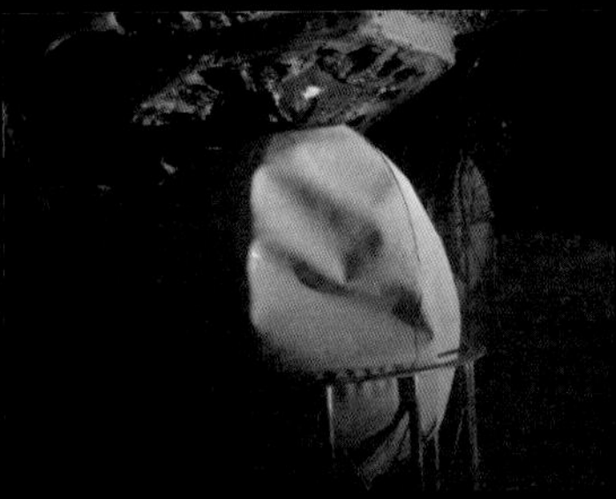

カニ星雲から地球へ飛来。棲みかであるカニ星雲は、西暦1054年に観測された超新星爆発によって出現。それ以来、現在もガスが拡散し続けているという。

皮膚は頑強で、ＭＡＴから無数のミサイル攻撃を受けても全くの無傷であった。俊敏性にも優れ、ウルトラマンの「ウルトラキック」を２度も回避してみせた。

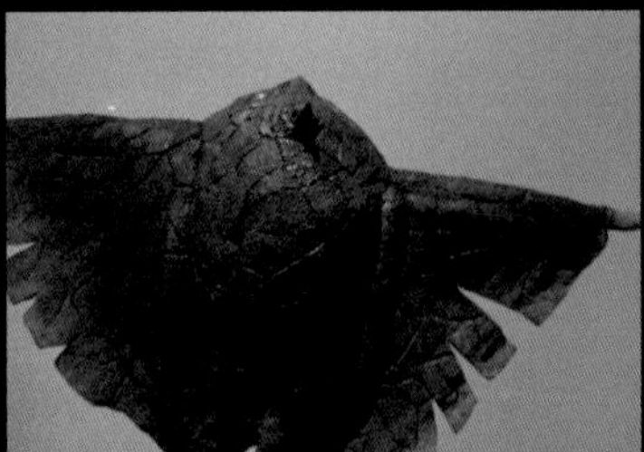

腹部にある五角形の口で、あらゆるものを吸収し、エネルギーとする。頭部の角から出す破壊光線は、連続発射が可能。この角で敵を見分けることもできる。

ウルトラマンとの攻防

ウルトラマンの万能武器に敗れる

ウルトラマンとは二度対戦。一度目は、素早い動きでウルトラマンを翻弄すると、腹部の口で「スペシウム光線」を吸収。激しく消耗させ、エネルギー補給でウルトラマンを地球から離脱させた。二度目の戦闘では、回復したウルトラマンに押される展開で、空中へと飛び立つが、逃げ切れず。地上に戻ったところに、ウルトラマンがウルトラセブンから渡された万能武器「ウルトラブレスレット」が炸裂。「ウルトラスパーク」で両腕と頭部を切断され、絶命した。ウルトラマンの一時退却を許さず、追って攻撃していれば勝機もあったはずだ。

戦闘力の高さを見せつけたが、最後は切り刻まれて、炎上した。

忍者怪獣

サータン

自在に身を消す「長鼻の幻術師」

小さな隕石に身を隠し、地球に飛来した宇宙怪獣。

中性子細胞でできた体を持っており、電荷を持たない中性子の特性により、自分の意思で体を透明にすることができる。透明化した後は、姿を隠すだけでなく、物質をすり抜けることも可能になる。ミサイル攻撃も体を通過してしまい、全く効果がない。ただ、透明状態でも、目だけを強く発光させることはできるようだ。

透明化したサータンを攻撃するには、MATの「赤外線装置付きカメラ」や「原子核放電網」といった、特殊な装置を介する必要がある。ただし、皮膚が硬いため、実体化した状態でも防御力は非常に高いとみられる。

光線技などの特殊な攻撃手段は持っていないが、長い鼻を巧みに使い、ムチのように打撃を加えたり、相手の首に絡みつかせて締め上げたりする。腕力も強く、一撃でビルを破壊するほど。また、頭部に生えている毛は「アイアンヘアー」と呼ばれるほど強固である。

透明化している時でも、サータンの影は映る。周囲に巨大な怪しい影が突如出現することがあれば、十分注意すべきだろう。

足形

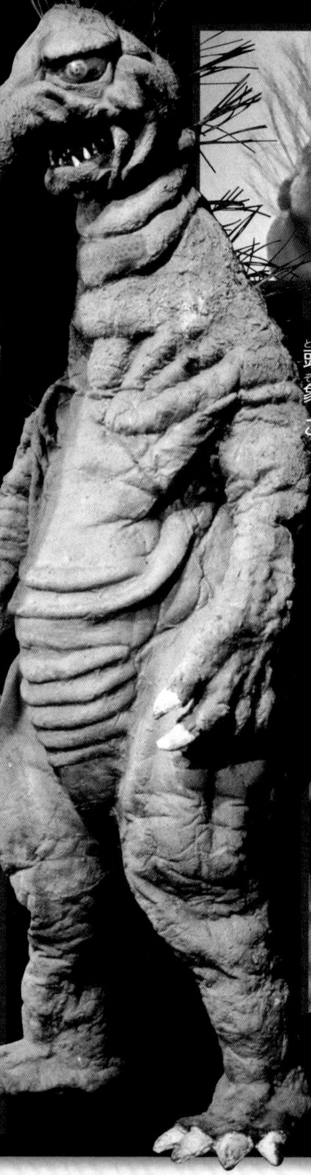

頭部

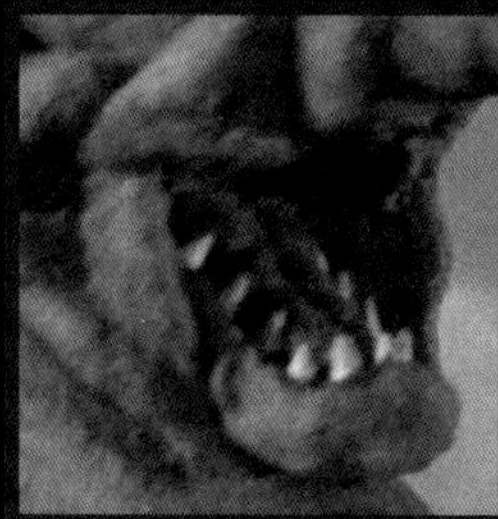

口

頭部から背中に、頭髪のような毛が生えている。象のような長い鼻は伸縮自在で、自由に動かすことが可能。手足は非常に大きく、頑丈だ。

鼻

皮膚

足

目

攻撃力	■■■■■■■
防御力	■■■■■■■
特殊能力	■■■■■■■■■
知能	■■■■■■■■
パワー	■■■■■■■
スピード	■■■■■■

身長	45メートル
体重	3万2000トン
出身地	宇宙
登場回	第19話「宇宙から来た透明大怪獣」

小学校の校庭に、宇宙から小隕石が落下。MATから危険性はないと判断され、小学校の標本室に展示されたが、突如発光して巨大化。同時に、怪獣らしき影も確認される。その後、市街地で自動車が押し潰されたり、ビルが破壊される謎の事件が発生。MATの調査により、これが透明化した怪獣サータンの仕業だと判明する。

圧縮状態にあった隕石が、地球の弱い引力で膨張した際、隕石内部に潜んでいたサータンが透明状態で出現。そのまま、行動を開始したものと考えられる。

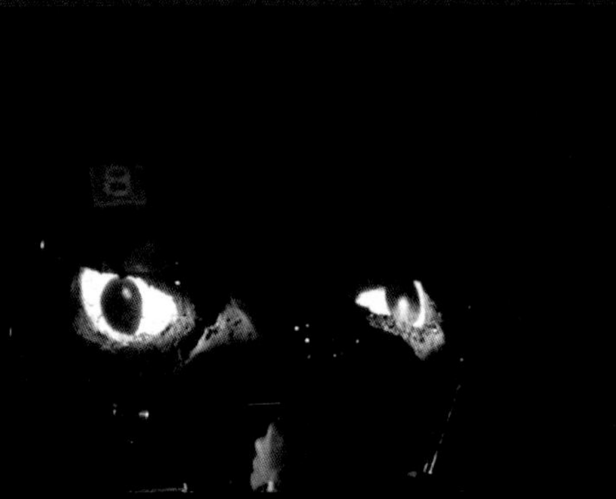

コンクリートに敏感に反応する性質があるようで、学校の校舎やビルを破壊している。好物だという説もある。

体を構成する中性子の働きによって、透明になる。ＭＡＴは「原子核放電網」によって細胞を刺激し、実体化させた。

長い鼻が最大の武器。巻きつければ、象を10秒で絶命させてしまう。ジャンプ力も凄まじく、空を飛ぶかのように跳び上がる。

効果的に姿を消してウルトラマンを翻弄

ウルトラマンとの攻防

MATの「原子核放電網」によって、一時的に姿を現したところにウルトラマンが現れるが、すぐに透明化。姿を消して背後を取り、長い鼻で首を絞めつけて苦しめる。その後も、姿を消しながらの攻撃で戦闘の主導権を握るものの、ウルトラマンの「透視光線」を浴びて実体化。そこから、体当たりやキックの連続攻撃を受けてしまう。さらに「ウルトラ念力」で動きを止められたあげく、空中に浮かされ、トドメを刺された。透明化した後、首ではなくウルトラマンの弱点・カラータイマーを狙っていれば、結果も変わっただろう。

最後は「ウルトラブレスレット」から発射された「ウルトラスーパー光線」で爆死した。

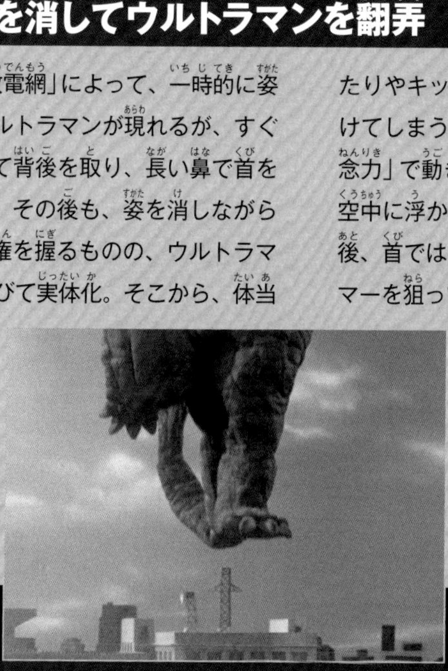

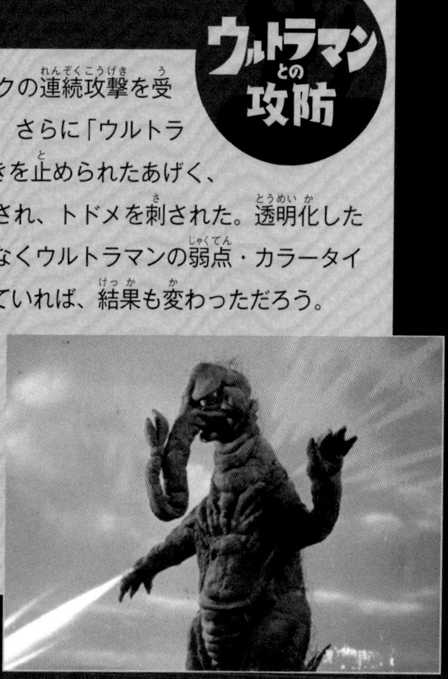

磁力怪獣

マグネドン

北極から来た「不死身のマグマボディ」

北極の地底深くで眠っていた怪獣。ダムの建設によって地殻が弱った熊沢渓谷に出現した。全身がマグマの塊で構成されており、体は鉄より頑丈。熱への耐性もあり、大電流にも持ちこたえる。

地球の磁力を吸収してエネルギーとしている。そのため、地球上にいる限り命が尽きることはなく、体をバラバラにされても再生してしまう。体には強い磁気を帯びている。

背中には真っ赤なトゲが6本生えており、ダイヤをも貫く硬度を誇る。電気を帯びている間は、このトゲから放電攻撃を行うことも可能。尻尾の硬度も高いようで、打ちつけただけでダムの外壁に亀裂を作っている。

基本的には四足歩行だが、強靭な後ろ足で体を支えて二足歩行を行うこともある。地中を掘り進むこともでき、北極ー日本間という、かなりの長距離を移動してきた。

地上に現れてからは、ほとんど寝て過ごしており、ＭＡＴの作戦で膨大な量の電流を流し込まれるまでは、暴れ回ることはなかった。ウルトラマンに宇宙に運び出される際に、ほぼ無抵抗だったのを見ても、おとなしい性格であるのは間違いないようだ。

目

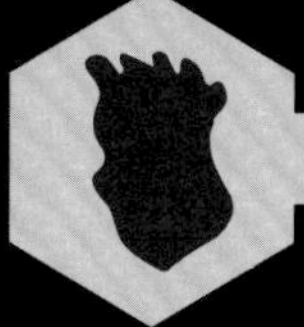

足形

トゲ

頭に２本の角、背中に６本のトゲを持つ。長い尻尾の先にも同様のトゲがある。口からは火炎や熱線を吐くとされる。

尻尾

角

口

攻撃力
防御力
特殊能力
知　能
パワー
スピード

身　長	65メートル
体　重	5万トン
出身地	北極の地底
登場回	第20話「怪獣は宇宙の流れ星」

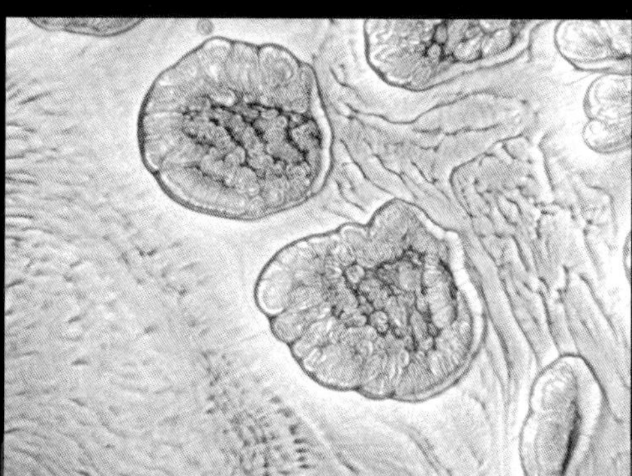

熊沢ダムの周辺では、原因不明の航空機墜落事故が多発していた。いずれもエンジンや翼などのトラブルはなかったが、方向指示器だけが同じように壊れていた。そのため、強大な磁力の影響が疑われたが、自然界ではまずありえないと考えられた。だが、ＭＡＴ宇宙研究部によって、現在、地球磁気の大移動が起こっており、熊沢ダム一帯に集結していることが判明。途方もない磁力を帯びた怪獣マグネドンが、ダムの建設によって地殻が弱った熊沢渓谷に出現したことが事故の原因だったのだ。

BACKGROUND

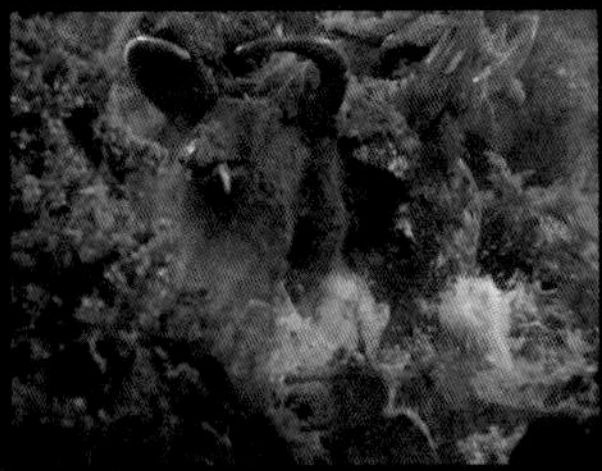

地球の磁力を糧としており、体に強力な磁気をまとっている。体が破壊されても簡単に復活できるため、地球にいる限りは無敵だと言える。当然、体力が尽きることもない。

全身はマグマでできている。そのため、体はとても硬く、日本中の全電力が注入されても、溶けることはなかった。

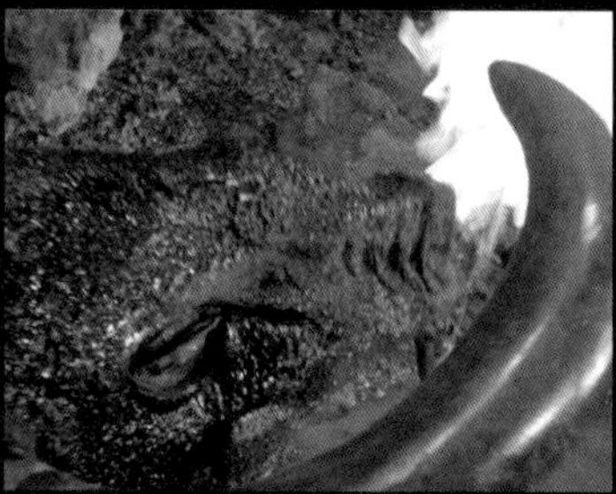

口からは火炎や熱線を吐く。頭部の角は攻撃に使う他、レーダーの役目を持つとの説もある。体の6本のトゲから放電することもできる。

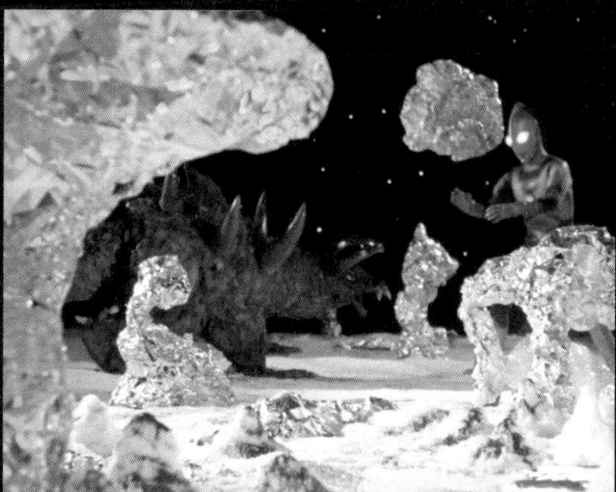

ウルトラマンとの攻防

ステージチェンジで再生能力が活かせず

バトル序盤、ウルトラマンに突進して頭の角で弾き飛ばし、そのまま背中に乗せて放電攻撃を加えるコンボ技が炸裂。だが、「磁力封じ能力」で逃げられると、「反重力光線」を受けて空中に浮遊させられ、宇宙に運ばれてしまう。エネルギー吸収ができない宇宙惑星では手も足も出ず、一方的に攻撃されるがままで、最後は「ウルトラスパーク」で爆発した。敗因は、エネルギー源のある地球を離れてしまったことに尽きる。好戦的でない性格ではあるが、抵抗して地球で戦い続けていれば、ウルトラマンに勝てた可能性もある。

地球では見事な攻撃を見せたものの敗北。飛び散った体の破片は、やがて流れ星となった。

電波怪獣

ビーコン

空をただよう「魔のテレビ局」

飛び交う電波をエネルギー源としている宇宙怪獣。一度に1キロメートル四方の電波を吸収することができる。空中をゆっくりと浮遊し、糧となる電波を探す。

この浮遊能力は「反重力足」と呼ばれる2本の足が生み出している。空中で静止することもでき、地上すれすれで滞空し、ホバー移動のような動きも見せる。浮遊するだけでなく、地面に立つこともあり、キックも繰り出す。

頭部に、3つの大きな目が付いているのが大きな特徴。黄色く点滅する中央の目は、テレビカメラのような機能を持ち、キャッチした映像を全世界に発信することができる。赤く点滅する左右の目からは、破壊光線を発射でき、旅客機や戦闘機を撃墜している。なお、この頭部は非常に頑丈で、飛行時にぶつかった住宅やビルをことごとくなぎ倒した。ちなみに、皮膚も非常に硬い。

背中には大小のトゲが生えている。時折、青白く光る大きなトゲは、アンテナの役割を果たし、電波を送受信している。腹からは、青白い光と共に50万ボルトとも言われる電気ショックを発生させて敵を攻撃。その威力は絶大で、ウルトラマンをもダウンさせた。

頭部には3つの大きな目があり、口には2本の牙も確認できる。背中の大きなトゲが青白く発光している時は、放電中とみられる。飛行するが、足も立派だ。

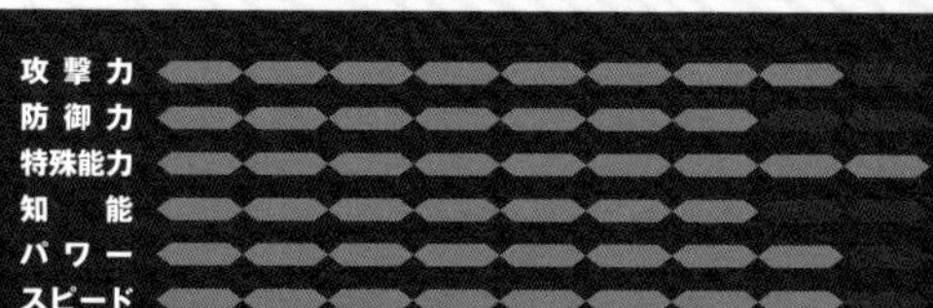

身長	37メートル
体重	1万3000トン
出身地	電離層
登場回	第21話「怪獣チャンネル」

東シナ海上空を飛行中の旅客機が、原因不明の爆発を起こして墜落。そして同時刻、その一部始終が、世界中のテレビに映し出されていた。これは事故現場から発信された強力な電波を、通信衛星が自動的に中継して放送したとみられ、ＭＡＴが調査を開始。東シナ海上空で、あらゆる電波を吸収する怪獣ビーコンと遭遇する。電波をエネルギーとするビーコンは、多くの電波が飛び交う東京へと移動。上空から１キロメートル四方の電波を吸い上げ、都市機能をマヒさせてしまうのだった。

BACKGROUND

背中のトゲがアンテナとなって、電波を吸収。また、黄色の目で捉えた映像を、このトゲから送信する。

反重力足の働きでゆっくりと空をただよい、電波をキャッチする。赤い目からは破壊光線を出すことが可能。

頑丈な皮膚で防御力に優れるが、素早い動きで、空中でも地上でも敵の攻撃をかわす。腹部の電気ショックの攻撃力も凄まじい。

ウルトラマンとの攻防

電気ショックでノックダウンさせたが……

東京・江戸川区に飛来した後に、ウルトラマンと交戦。出合頭に投げ飛ばされたが、すぐに反撃し、突進飛行でダウンを奪う。さらに破壊光線で追撃すると、「スペシウム光線」をはじめ、ウルトラマンのあらゆる攻撃を弾き返して攻勢に。キックで跳ね飛ばしたウルトラマンに強烈な電気ショックを与え、ウルトラマンを気絶させる。だが、「ウルトラブレスレット」の「エネルギー再生能力」でウルトラマンが復活。最後はブレスレットの攻撃を頭部に受け、絶命した。気絶させた後、トドメを刺さなかったのが敗因だろう。

攻撃も防御もウルトラマンを追い詰める動きを見せたが、ブレスレット攻撃に敗れた。

プラスチック怪獣

ゴキネズラ

合成樹脂を食らう「ゴミ処理場の番兵」

江東区15号地にある「夢の島」の地下から出現した怪獣。プラスチックが大好物で、ゴミの処理場に潜み、捨てられたプラスチック製品を食べていた。同時期に、ニューヨークのゴミ処理場でも同種の怪獣が確認されているが、東京のものとは別個体である。

口から吐く「プラスチック溶解液」が最大の武器。この溶解液は繊維状をしており、別名「プラゴキネック糸」とも称される。マットアローのアクリル製風防ガラスを溶かしてしまった他、ウルトラマンの動きも一時的に封じた。また、怪力での攻撃も得意とする。

口の中には頑丈な牙もあり、MATのミサイルを受け止め、咥え込んでいる。動きが非常に素早く、俊敏なフットワークで敵の攻撃をかわす他、猛スピードのミサイルを両手でキャッチしてみせた。

地下を棲みかとし、地上近くに現れる際には、地震が起きるという。食べたプラスチックは、体内の特殊酵素で消化する。

現在、プラスチックは世界の至るところにあるため、東京やニューヨーク以外にもゴキネズラが潜伏している可能性がある。現代はこの怪獣が発生しやすい環境であるといえる。

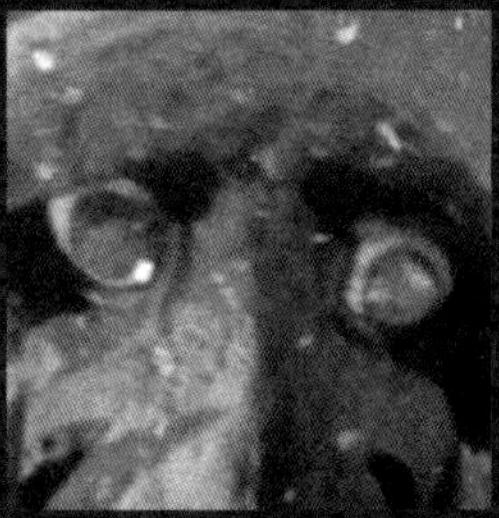
目

口

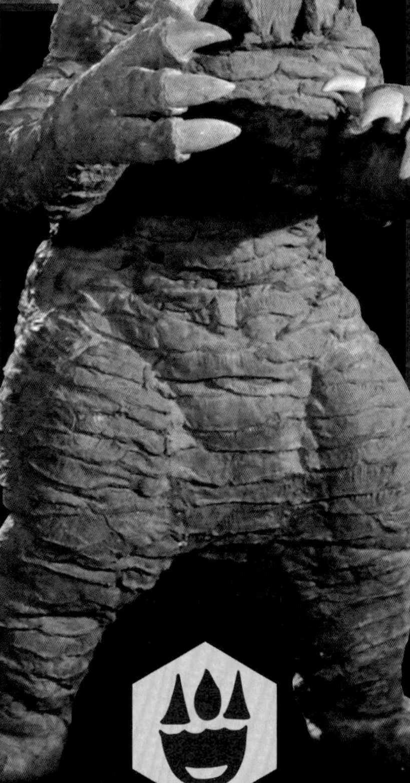

首

頭と首が笠を被ったかのように赤い。骨格は、プラスチックの100倍の硬さを誇り、皮膚も鋼鉄以上に頑丈。手足も非常にがっしりしている。口に生えた牙は、ミサイルをキャッチしたため、「ノンミサイル牙」とも呼ばれるという。

手

足

足形

攻撃力
防御力
特殊能力
知能
パワー
スピード

身長	42メートル
体重	3万8000トン
出身地	東京・夢の島（江東区15号地）
登場回	第22話「この怪獣は俺が殺る」

江東区15号地の「夢の島」と呼ばれる巨大なゴミ処理場から、腐ったようなプラスチック製のバケツが見つかった。ＭＡＴが調査すると、プラスチックゴミの大量消失、そして地震の頻発が確認された。そんな中、夢の島で大規模な自然発火が発生。消火後に怪獣ゴキネズラが出現する。一連の異変はプラスチックを餌とするこの怪獣の仕業で、夢の島の地下に棲息していたが、ＭＡＴが「炭酸ガス消火液」を散布して消火したことで、地中の酸素がなくなり、地上に姿を現したのだった。

BACKGROUND

ゴミ処理場に潜み、プラスチックを食べていた。現場のゴミからは、プラスチックを溶かすウイルスも検出された。

プラスチック溶解液を口から吐く。プラスチックを溶かす他、糸のように敵に絡み、動きを止めることが可能。

身のこなしは非常に俊敏。皮膚もかなり丈夫なため、総合的な防御力は高いと言える。怪力を有しており、格闘戦もお手のものだ。

必殺の溶解液で自分が窮地に

ウルトラマンとの攻防

出現したウルトラマンから先制キックを食らい、さらに打撃技で一方的に攻められてしまうものの、持ち前の素早さで距離を取って、溶解液で反撃。動きを完全にストップさせ、体当たりで追い打ちをかける。だが、そこにＭＡＴの伊吹隊長がマットアローで援護に来ると、溶解液が自分の体にまとわりついてしまい、ダウン。伊吹隊長の放ったＭＳミサイルこそ、口でキャッチして回避したが、「スペシウム光線」で爆破されてしまった。ニューヨークでも同種の怪獣を退治した伊吹隊長が参戦しなければ、局面も違っていただろう。

溶解液は有効だったが、光線で口のミサイルを狙われ、頭部が吹き飛んだ。

カニ座怪獣

ザニカ

故郷を愛する「ハサミの騎士」

棲みかであるカニ座が襲われたため、地球へと逃げてきた宇宙怪獣。カニ座とは、星の並びをカニに見立てたことから地球人がつけた名称だが、そこに棲息するザニカも、外見がカニによく似ている。

最大の特徴はカニのようなハサミ状の手で、物を挟んだり押さえ込んだりする他、山や鉄橋を瞬時に突き崩すほどの硬度を持つ。

地球のカニとは異なり二足歩行だが、手足の他に、体の両側にツメが3本ずつ生えている。このツメは、地球上に存在しない13種類の元素で構成されており、仲間と連絡を取り合う際にアンテナの役割を果たすという。口からは常に白い泡を吹いている。この泡に毒性や溶解力はないが、50万度の炎を一瞬で消火できるといい、やはり未知の元素が含まれているとみられる。戦闘時には相手に吹きつけ、視界を奪うために活用していた。

おとなしい性格だが、攻撃されれば反撃する。また、体に激しい痛みが走り、弱った際にも暴れ回っている。意外にパワーがあり、ウルトラマンをハサミで押さえ込んで投げ飛ばしている。背中には、カニ同様に硬い甲羅がついていて、体を守っている。

目

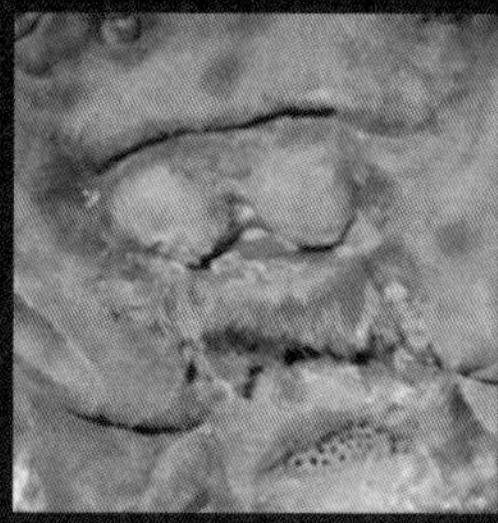
口

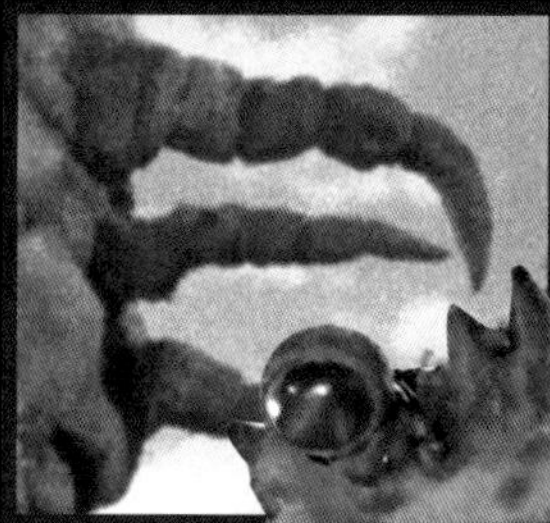
ツメ

足形

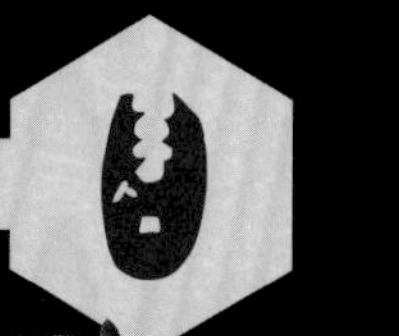

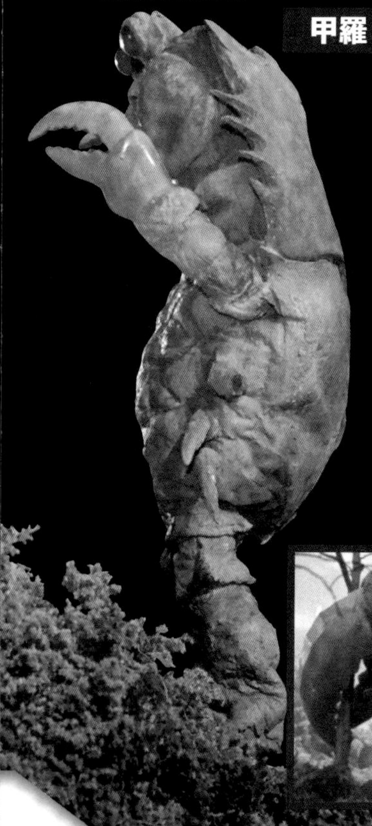

甲羅

赤く輝く大きな目には、数万キロメートル先まで見通す視力がある。両手はハサミの形状をしており、足には再生能力があると言われている。

手

足

身長	51メートル
体重	1万8000トン
出身地	カニ座
登場回	第23話「暗黒怪獣 星を吐け！」

東京で皆既日食が観測された日の夜、北斗七星のうち、5つの星が突如消滅していることが判明。天文研究所でも、その原因は不明とされた。そしてさらに、巨大な隕石が長野県の山中に飛来。落下現場から怪獣ザニカが現れる。この一連の出来事は、第108宇宙系に出現した怪獣バキューモンによるものだった。惑星を常食とするバキューモンが北斗七星を飲み込み、続けてカニ座の星々を襲撃。ザニカはバキューモンから逃れるため、隕石に乗って地球へ飛来してきたのだった。

BACKGROUND

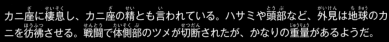

カニ座に棲息し、カニ座の精とも言われている。ハサミや頭部など、外見は地球のカニを彷彿させる。戦闘で体側部のツメが切断されたが、かなりの重量があるようだ。

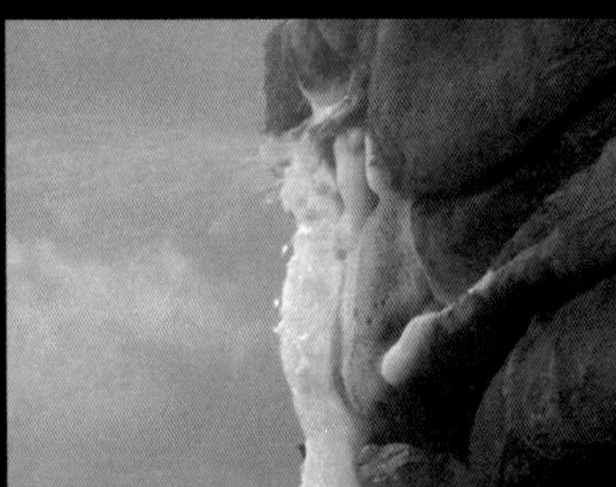

バキューモンにカニ座の星が飲まれるたび、体にダメージを受け、弱っていった。故郷の星々と何らかの形でつながっているようだ。

鉄橋を一撃で壊す怪力を持ち、硬い甲羅は敵の攻撃を受けつけない。宇宙空間をマッハ6の速さで移動するという。

ウルトラマンとの攻防

互角以上の肉弾戦を展開

突然現れたウルトラマンに驚いたのか、いきなり尻もちをついてしまうが、すぐに立ち直り、格闘戦を展開。軽快なフットワークで動きながら、怪力を活かした投げ技を放ったり、泡を吐いて視界を奪ったりして、ウルトラマンを苦しめる。だが、「ウルトラブレスレット」で両腕のハサミを切断されると、戦意を喪失。ひざまずいて無抵抗状態となる。

ここで、ウルトラマンは真の敵の存在に気づき、宇宙のバキューモンの下へ。戦闘の末、カニ座の星が復活すると、ザニカはウルトラマンにお辞儀をして、故郷へと戻った。

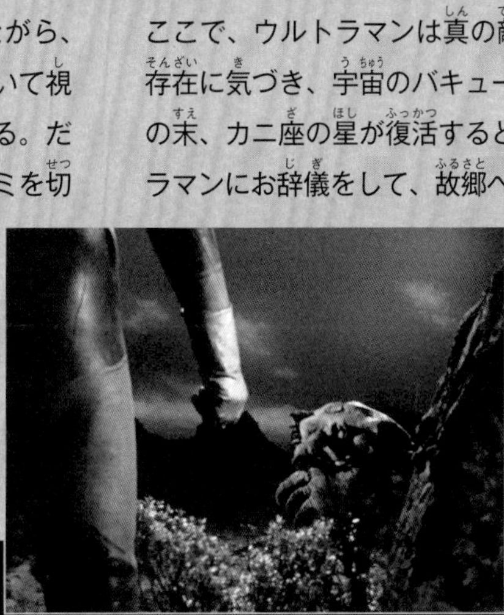

深々と頭を下げて一礼。日本流の礼儀作法を見せて去っていった、不思議な怪獣だった。

暗黒怪獣

バキューモン

宇宙を飲み込む「無限大の闇」

第108宇宙系に発生した大きな不定形の怪獣で、暗黒星雲にも似た見た目をしている。無限大の体を持っているが、惑星を飲み込むことでエネルギーを得て成長し、さらに巨大化していく。

わずか10日間で北斗七星を飲み込み、次にカニ座怪獣ザニカが棲みかとするカニ座の星々を襲撃。さらには地球に狙いを定め、あと12時間で壊滅させられる距離にまで接近した。これは、地球に逃亡したザニカの後を追ったのではないかという見方もある。

その途方もない引力で、次々と天体を吸引する。地球へ向かった際には、この引力の影響で、アフリカに異常なほどの海流の変化を引き起こしている。

惑星を吸収する体内の圧力は凄まじく、地球ですら、角砂糖１個分ほどに圧縮してしまうという。

ウルトラマンとの戦闘で内側から体を引き裂かれると、飲み込んでいた天体を全て吐き出して消滅した。復活した北斗七星やカニ座は地球からも確認できるようになったものの、一度はエネルギーの糧とされた星自体が完全に元通りの状態になったのかは不明である。

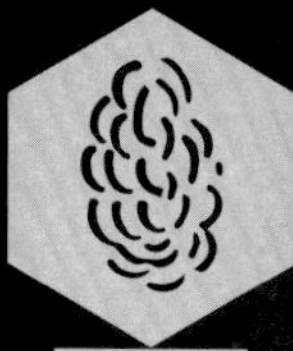

足形

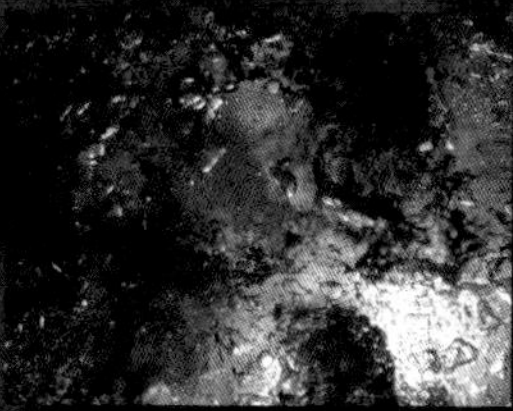

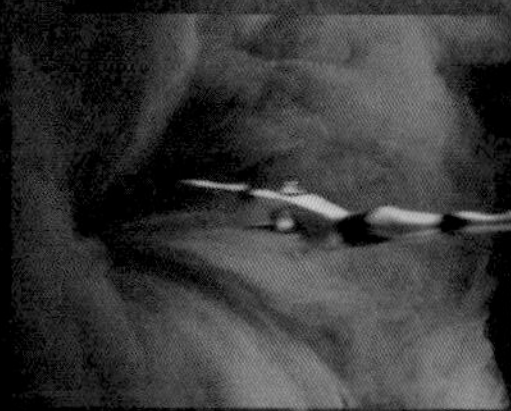

天文研究所も「暗黒の巨大な物体」とその存在を認識し、絶望した。だが、生物であるとまでは把握できなかった。

漆黒の体は超巨大で、その全容を確認することは困難。中心部には赤や青に輝く天体のようなものが存在するが、これがどんな役割を果たしているのかはわからない。

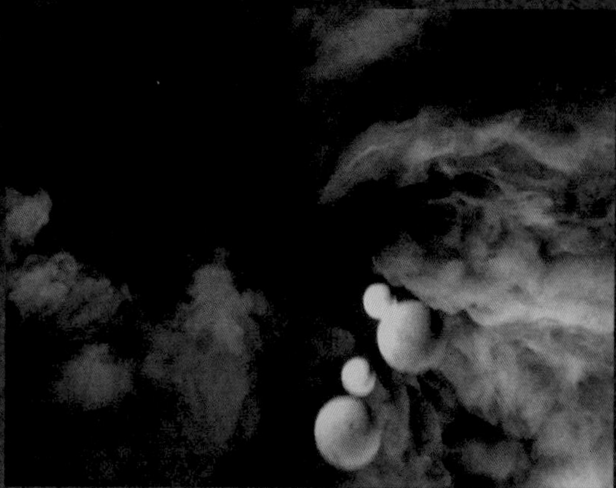

攻撃力
防御力
特殊能力
知　能
パワー
スピード

身　長	無限大
体　重	無限大
出身地	第108宇宙系
登場回	第23話「暗黒怪獣 星を吐け！」

体内からの攻撃に抵抗できず

ウルトラマンとの攻防

いきなりウルトラマンに体内への侵入を許してしまう。尋常ならざる圧力でダメージを与えるが、「ブレスレットニードル」で内部を切り裂かれて、体が消滅した。体内に入られる前に、惑星を吐いて攻撃するなど、何か対抗策を取るべきだった。

マンション怪獣

キングストロン

少年の願いが生んだ「暴れん坊壁画」

宇宙小怪獣クプクプが変形し、誕生した怪獣。クプクプの肉片がマンションの壁に染み込み、じょじょに成長。最終的には、実体となって巨大化した。

四足歩行で、背中には巨大な甲羅がある。甲羅はレーザー光線でも壊せないほどに強固だが、重すぎてひっくり返るとなかなか起き上がれない。

頭と背中には、大きな角が生えている。頭部の角は長く鋭く、マンションも簡単に破壊できる。背中の２本の角は後ろ向きに生えているが、激怒すると前方に向きを変え、戦闘態勢に入る。ただ、強引に後ろ向きに戻されると動けなくなってしまうという。

尻尾も角のような形状をしており、2つの突起部分から放出した電気をスパークさせることで、熱光線を発射する。口には鋭利な牙があり、強力な噛みつき攻撃を繰り出す。口からは火炎を吐くこともできる。

キングストロンは、肉片を壁に貼った少年の希望通りの姿に成長し、生まれた。クプクプという怪獣には人間の思念を受け取り、姿や性質を変化させる特性があったと考えられ、さらに凶悪な怪獣となっていた可能性もある。

角（頭）

角（体）

身長	2メートル
体重	350キログラム
出身地	宇宙

宇宙小怪獣 クプクプ

飛来した隕石に潜んでいた宇宙怪獣。おとなしい性格だが、未知の生命体のため、MATによって処分された。

足形

足形

甲羅

亀のような形態が大きな特徴。頑丈な足はパワーにあふれ、建物を踏み壊す他、威力のある突進攻撃も可能にする。

攻撃力
防御力
特殊能力
知能
パワー
スピード

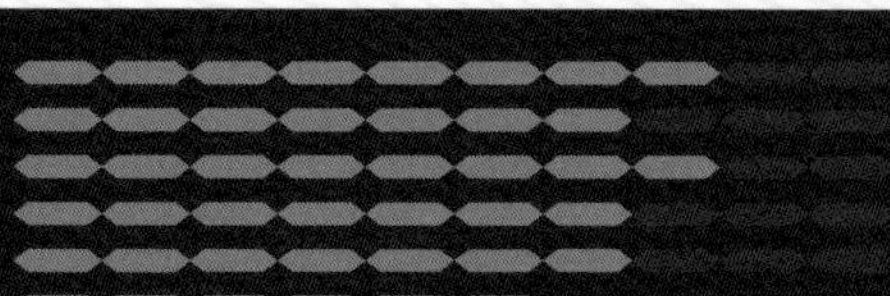

身長	60メートル
体重	1万5000トン
出身地	宇宙
登場回	第24話「戦慄！マンション怪獣誕生」

信州の山中に落下した隕石から、小型の宇宙怪獣が出現。MATにより処分されたが、バラバラになった肉片の1つを少年が持ち帰ってしまう。そして、マンションの壁に貼りつけると、絵のように怪獣の姿が浮き出て、少年が望んだ通りの形態にどんどん成長。やがて、マンション中に怪獣の唸り声が響くようになる。通報を受けたMATは、マットシュートの銃撃で処分を試みるが、そのエネルギーを吸収してさらに巨大化。マンションを壊しながら実体の怪獣となり、暴れ回るのだった。

宇宙怪獣と地底怪獣の特徴を併せ持っている。クプクプの肉片から、2メートル大の壁画となり、実体化する直前には角と尻尾、そして目が発光した。

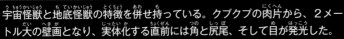

口からは火炎を、尻尾からは熱光線を出し、敵を攻撃する。甲羅は防御力に優れるが、かなりの重量があるため、仰向けにされると起き上がれなくなる。

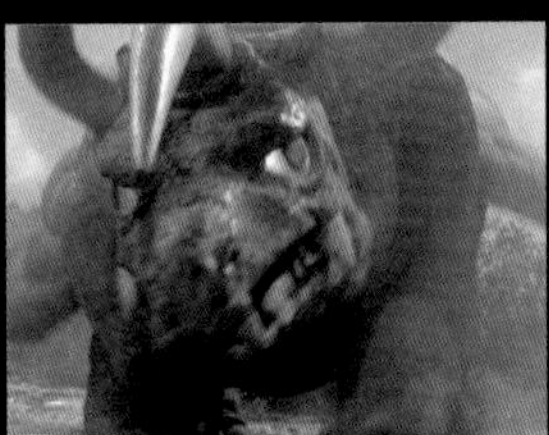

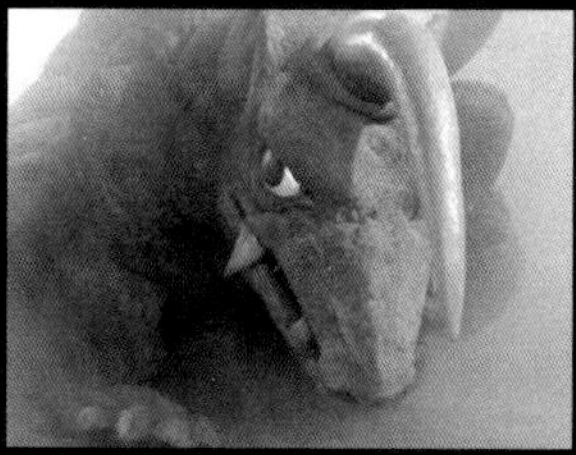

頭と背中の鋭い角は、頼もしい武器となる。また、噛みつきによる攻撃も非常に強力。唯一の弱点は、前向きになった背中の角を後ろ向きに戻されることだ。

怒涛の攻撃であと一歩まで追い詰める

ウルトラマンとの攻防

いきなりウルトラマンにひっくり返されてしまうが、なんとか起き上がって火炎をお見舞い。さらに角で何度もウルトラマンを宙に放り上げて痛めつける。反撃で頭部の角を折られるものの、今度は尻尾からの熱光線と噛みつき攻撃のコンボが炸裂。ダウン寸前まで追い詰める。だが、ここで怪獣の生みの親である少年が弱点をウルトラマンにアドバイス。教え通りに、背中の角を後ろに倒されて動きを止められると、「ウルトラブレスレット」でトドメを刺された。少年の助言がなければ、勝利できた可能性もあった戦闘だった。

「スペシウム光線」をはね返すなど、戦闘は終始キングストロンのペース。だが最後は白骨となった。

隕石怪獣

ザゴラス

ZAGORAS

宇宙の元素が育んだ「超巨大微生物」

地中の微生物が怪獣化したもの。先史時代に、銀河系第三惑星のザゴラス星からの隕石が日本に落下。この隕石に含まれていた放射性元素などの影響により突然変異したと考えられる。

扇状の大きく平たい尻尾が特徴的で、あおぐように動かして風を起こし、高くジャンプすることが可能。ちなみに、この尻尾には、エネルギー源となる宇宙線を集める特殊毛細管もあるという。

頭部には、闇夜でもよく見える大きな目を持つ。口からは高熱の火炎を吐き、その威力は村や森を瞬時に焼き払うほどである。口には、巨大な牙も生えており、ダイヤモンドの１万倍の硬さを持つとされる。

太い首は頑強で、ウルトラマンに羽交い締めにされた際には首の力だけで振りほどいている。手は３本指で、ウルトラマンを地面に叩きつけるほどの強烈なチョップを繰り出す。また、この指を使って、地中を自在に移動することもできる。

２本指の足も強力で、民家を踏み潰した他、倒れたウルトラマンを踏みつけることで動きを封じた。また、跳躍力にも優れている。

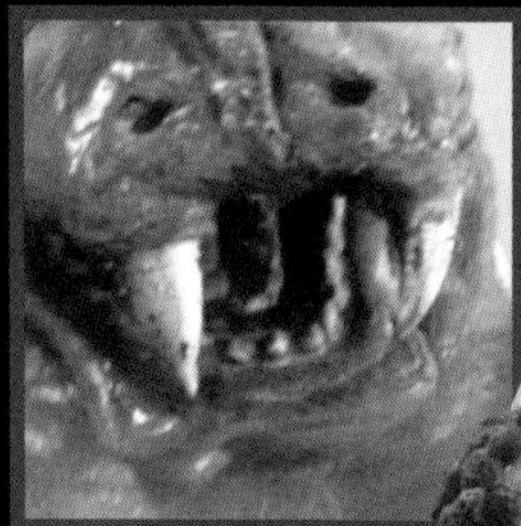

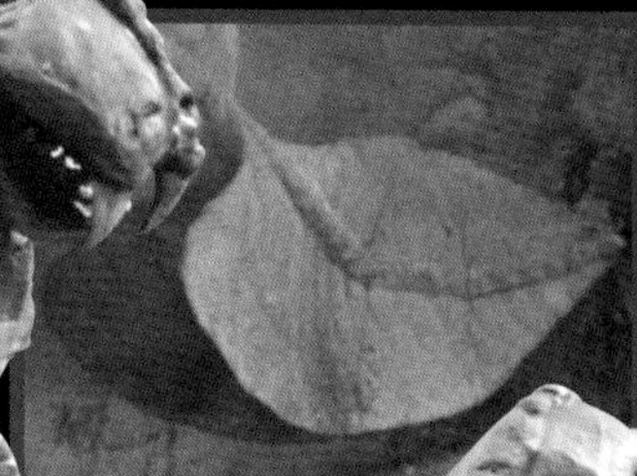

目

口

尻尾

手

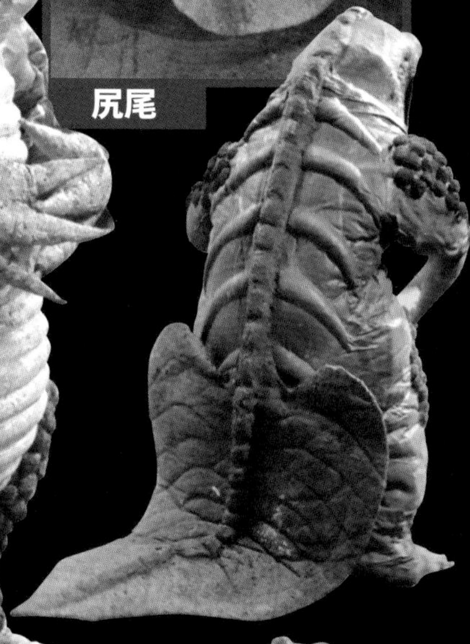

皮膚

足形

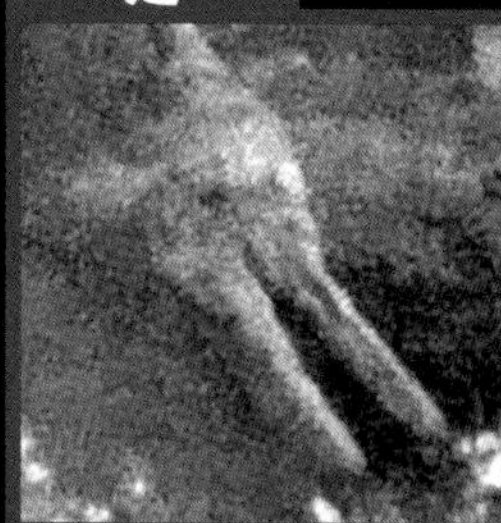

足

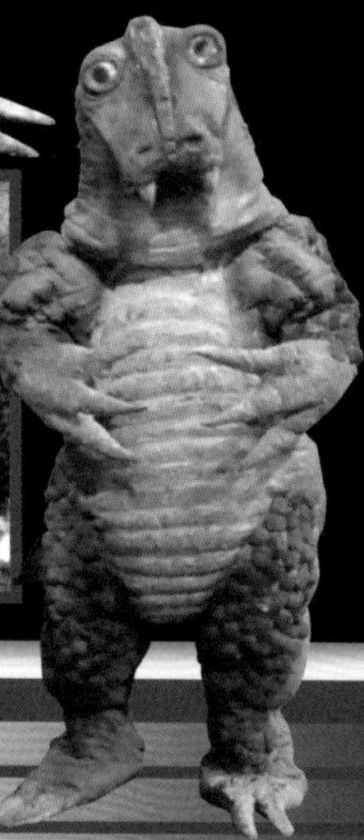

まん丸い目には赤外線網膜が備わり、闇の中でも見通せる。皮膚は複数の形状が見られるが、身を守るだけの十分な硬さは有しているようだ。

攻撃力	■■■■■■□□□□
防御力	■■■■■■□□□□
特殊能力	■■■■■□□□□□
知能	■■■■■■□□□□
パワー	■■■■■■■□□□
スピード	■■■■■□□□□□

身長	41メートル
体重	3万6000トン
出身地	群馬県愛野村
登場回	第25話「ふるさと地球を去る」

マンション建設現場で局地的な地震が起き、破砕したコンクリートが全て宇宙へ飛び去る事象が発生。同時に、コンクリートの原料元である群馬県愛野村でも地殻変動が起き、村が隆起していた。実は、有史以前にザゴラス星から直径3キロメートルもの巨大隕石が落下。愛野村はその上にできており、隕石に含まれていた放射性元素とメルライトという鉱物が、母体であるザゴラス星の強い引力に引き寄せられていた。そして、この隕石によって生まれた怪獣ザゴラスも、地上に姿を現すのだった。

BACKGROUND

愛野村の地面が大きくせり上がった後に、姿を現した。出現した後に一度、地中に身を隠していることから、通常は地底を棲みかとしていると思われる。

口からは火炎を放出し、周囲を火の海にする。家屋を簡単に潰すほどのパワーもあるが、好戦的な性格ではなさそうだ。

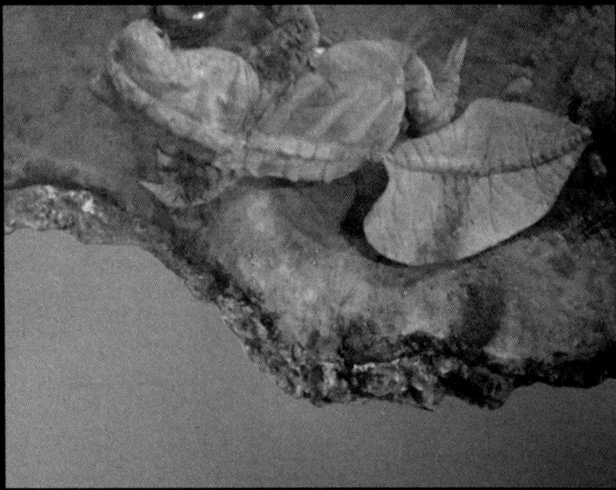

放射性元素と、緑色の鉱石・メルライトを含んだ隕石に、地球の微生物が紛れ込み、怪獣化したと考えられる。

ウルトラマンとの攻防

隕石の土俵でぶつかり合い

序盤、攻められても積極的に反撃する様子はなかったが、ついに隕石が空中へ浮上すると一転。猛スピードで宇宙へと飛ぶ隕石の上で、尻尾を使ってのジャンプ体当たりや、パワフルなパンチ攻撃などで攻勢をかける。だが、ここでウルトラマンが反撃。首を抱えられて空高く運ばれた後、頭から隕石にぶつけられ、隕石と共に爆発した。

ザゴラスの戦闘力はさほど高くなかった。しかし、もし隕石に複数の微生物が紛れ込んでいたら、多数のザゴラスが生まれ、ウルトラマンを圧倒していたかもしれない。

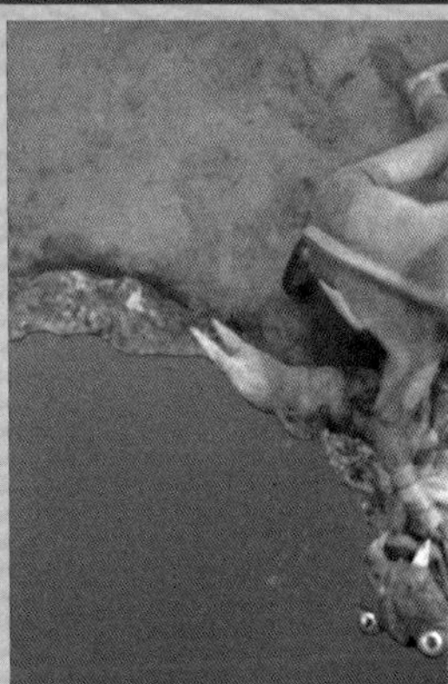

一時は隕石の土俵際まで、追い詰めたものの、形勢逆転されてしまった。

昆虫怪獣

ノコギリン

人間を消し去る「恐怖の殺人昆虫」

宇宙昆虫の一種で、隕石と共に地球に飛来した。本来は地球のクワガタムシに似た、20センチメートルほどの甲虫の姿をしているが、殺処分しようとＭＡＴが放った「スペースレーザーガン」をエネルギーとして吸収。まず人間大となり、地下に潜ってさらに巨大化した。背中の羽で自在に飛行し、その速度はマッハ10とも言われる。体が成長するにつれ、六足歩行から二足歩行へと変化。巨大化時には、ひと跳びで100メートルもジャンプできるようになった。

敵を発見すると、頭部中央の赤い角から破壊光線を放つ。この破壊光線は昆虫状態でも発射可能で、敵を瞬時に消し去ってしまう。また、巨大化後には、ビルや東京タワーを破壊するほどの威力となった。なお、この角は１万キロメートル離れた電波を捉えることができるため、「レーダー角」とも呼ばれる。

クワガタムシのような金色の巨大なアゴは、敵を挟み込むことができる他、角と触れ合うことで放電するとも言われる。

「エマゾール41Ｓ」という物質が好物。特定の口紅に含まれる成分であったため、この口紅を使用する女性に引き寄せられた。

アゴ

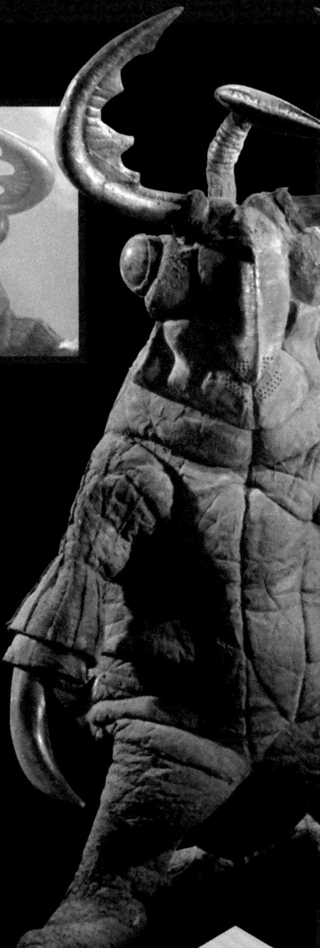

目

昆虫態

大きなアゴを持つ、ノコギリクワガタのような姿が特徴。黄色い目の中には黒目があり、ここで敵を捉える。羽は銀色で、飛行時には体全体が輝いて見えるという。

手

角

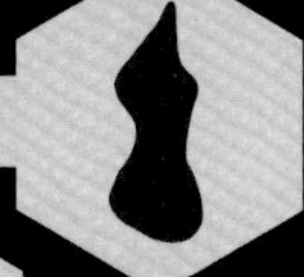

足形

足形（昆虫態）

攻撃力
防御力
特殊能力
知能
パワー
スピード

身長	20センチメートル〜50メートル
体重	500グラム〜4万5000トン
出身地	宇宙
登場回	第26話「怪奇！殺人甲虫事件」

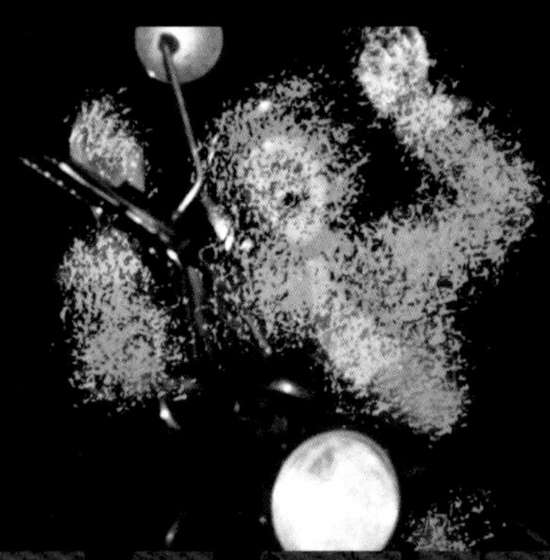

都内で、人間が突然蒸発する事件が立て続けに発生。殺人事件として捜査されたが、電気カミソリやヘアドライヤーなど、モーター音を出す機器の使用中に消失するという共通点があった。同時期には、近隣の子どもたちの間で、3本の角を持つ、大きなノコギリクワガタが噂になっていた。実はこの事件は、隕石と共に飛来した宇宙昆虫の仕業で、機械の作動音を敵の羽音と認識し、使用した人間を破壊光線によって消滅させていた。やがてこの昆虫は巨大化し、怪獣となって暴れ回る。

BACKGROUND

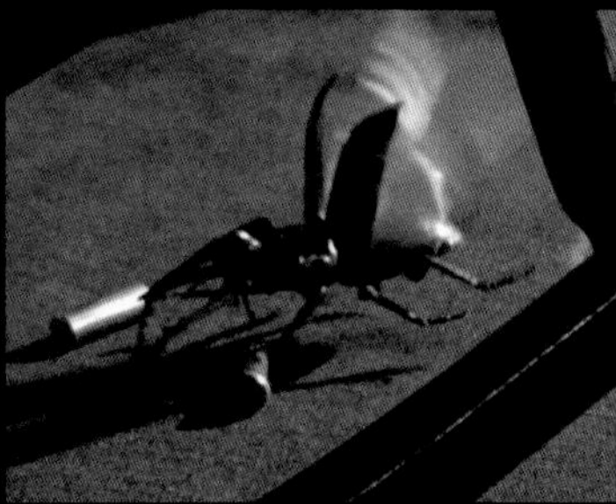

昆虫の姿で宇宙から飛来し、巨大化。敵の羽音を認識すると攻撃を仕掛ける習性を持つ。地球ではモーター音を羽音と誤認し、その周辺にいた人間を襲っている。

頭部の黄色い目は、360度という広い視野を持つ。体には強大なパワーを秘めており、その怪力による腕やアゴでの攻撃が、最大の武器となる。

防御力が高く、ウルトラマンの「スペシウム光線」さえも通用しない。加えて、角からの破壊光線、そして怪力と、攻撃面でも非常に優れている。

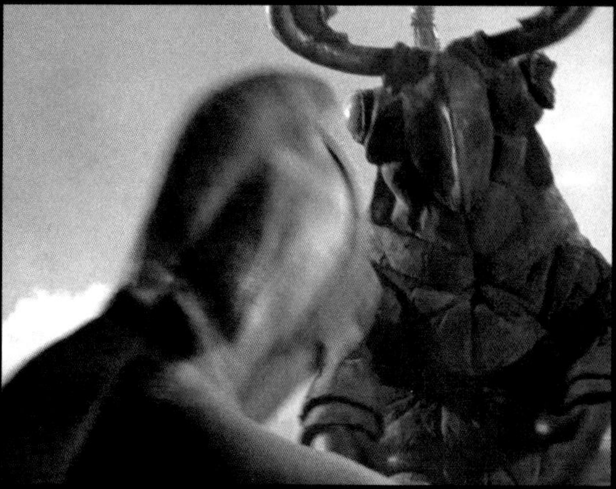

高い戦闘力で攻勢をかけるが……

ウルトラマンとの攻防

両者しばしにらみ合った後、格闘戦に突入。持ち前のパワーでウルトラマンを投げ飛ばし、反撃の「スペシウム光線」もあっさり耐え切るなど、攻守両面の強さを見せる。さらに、巨大なアゴで締め上げてウルトラマンを苦しめるが、ＭＡＴの援護射撃で左目を潰されると攻勢はストップ。逆に「ウルトラスパーク」で中央の角を切られ、続けて「スパーク電撃」から「ウルトラショット」という連続攻撃を浴びて爆散した。ＭＡＴの応援がなければ形勢は逆転せず、ノコギリンが勝っていた可能性も十分にあった戦いであった。

頭部中央の角を切断されると、明らかに動揺。そのまま一気に倒された。

八つ切り怪獣

グロンケン

万物を切り刻む「謎のノコギリ獣」

突如、信州の観音寺に出現した怪獣。体中にノコギリを備えているのが特徴で、両手の円盤型のノコギリは高速回転が可能。瞬時に巨大観音像を切断するほどパワフルだが、電気ノコギリ100台分の騒音が発生する。

頭部のノコギリは、敵に突き立てて攻撃する他、地中を掘り進む際にも使われる。両ひざのノコギリは、移動時に行く手を阻む物を切り倒す。両ひじのノコギリは、接近戦での凶器となる。

長い尻尾にノコギリはないが、ひと振りでウルトラマンを転倒させるほどのパワーを秘める。地面に叩きつけ、その反動で高くジャンプすることも可能だ。

ノコギリ以外にも、キックボクシングのような構えから繰り出すパンチや、尻尾によるジャンプの勢いを活かしたキックを使って攻撃する。

全身ノコギリだらけという特殊な姿のため、何者かに作り出された怪獣のようにも見える。しかし、宇宙人が関与した形跡がないことから、地球で生まれた、野生の怪獣だと考えられる。怪獣の進化は、人間の常識を超えているとも言えるだろう。

頭部、両手、両ひじ、両ひざから金属製のようにも見えるノコギリが突き出ている。手のノコギリは、高速回転させることが可能。尻尾も長く鋭い。

攻撃力
防御力
特殊能力
知能
パワー
スピード

身長	62メートル
体重	4万3000トン
出身地	長野県松本市
登場回	第27話「この一発で地獄へ行け！」

ある夜、信州で観音寺に設置されている巨大観音像が、何者かに真っ二つにされるという事件が発生。さらに、同じ観音像の周辺で怪獣の姿を目撃したという報告も入る。そして後日、同じ場所に怪獣グロンケンが出現。暴れ回って街を破壊し始める。

観音像を切断したのはグロンケンの仕業だったが、なぜそのような行動を取ったのか、どうして街を襲撃したのか、理由は一切不明のままだ。その姿形も含め、グロンケンは謎に包まれた怪獣であると言える。

普段は地底に棲息していると言われる。性格は凶悪で、ずる賢い。夜の信州に、いきなり姿を現した。

全身を覆う硬い皮膚は、マットアローの集中砲火でもビクともしない。格闘を得意としており、戦闘力は高い。

身のこなしは軽く、軽快に動き回って敵を攻撃する。最大の武器となる両手のノコギリは、石像を簡単に真っ二つにするほどの切れ味だ。

肝心かなめのノコギリが完全不発

ウルトラマンとの攻防

「ウルトラスパーク」と「ウルトラキック」の合わせ技で、首が飛んだ。

両手のノコギリを高速回転させ、ウルトラマンに迫るものの、体を切り刻むことはできず、逆に「ブレスレットチョップ」で右腕を切断されてしまう。さらに、パンチとキックの連打で追い打ちをかけられると、たまらずダウン。そこへ、まるで天罰かのように巨大観音像が倒れ、グロンケンの頭を強打。その隙に左腕も切断されてしまう。ただ、両手を失っても闘争心は消えず、尻尾を使ったジャンプキックで反撃。しかし、最後は首を切断されて息絶えた。ノコギリ攻撃さえヒットしていれば、勝機もあったかもしれない。

台風怪獣

バリケーン

雨と風を操る「自然界の魔術師」

台風エネルギーを吸収・発散する習性を持ち、自在に台風を発生させたり消滅させたりできる怪獣。クラゲのような姿をしており、頭の外周部分を高速回転させることで、竜巻や豪雨を伴う台風を生み出す。

胸部に付いている発光体は、目のように見えるが目ではなく、敵を惑わすための偽物である。一方で、頭頂部の丸く赤い発光体が目の役割をしており、100万ワットの電光を放って、標的を爆破することが可能。また、頭部から垂れ下がっている触手からは、5万ボルトの放電攻撃を繰り出し、足からも電気エネルギーを放出して攻撃する。まさに、全身に電気をみなぎらせる怪獣だ。

腹部にある真っ赤な口は、驚異的な吸引力を有する。何でも吸い込んでしまう他、体に蓄えたエネルギーをガスに変えて噴射することが可能。ミサイル攻撃にも傷一つ負わない頑強な皮膚を持ち、ムチ状の腕にはかなりの怪力が宿る。空中を浮遊する能力もあるが、その原理は明らかになっていない。

古くから、台風は巨大な力を持つ者が生み出すという考えが世界各地に存在する。バリケーンはそれを体現する怪獣と言えるだろう。

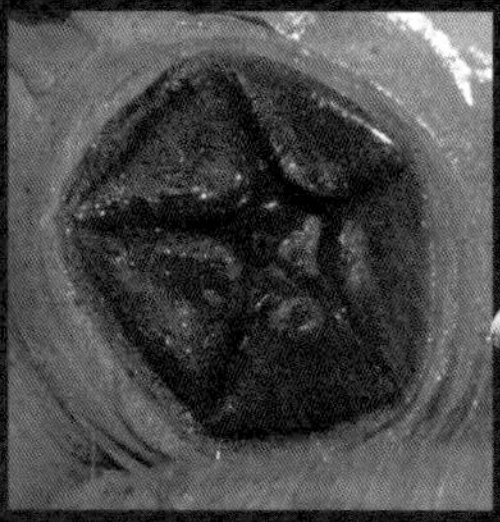

口

頭部

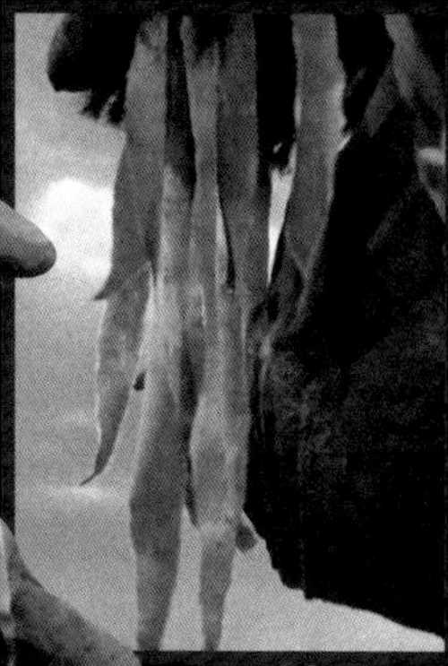

触手

頭部に生えた毛の下側部分が高速で回転し、体内のエネルギーを発散することで台風を生む。また、頭部から垂れる触手は体毛の一種とされる。手足に指はなく、どちらも細長い。

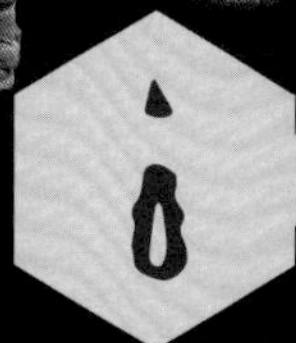

足形

腹部

足

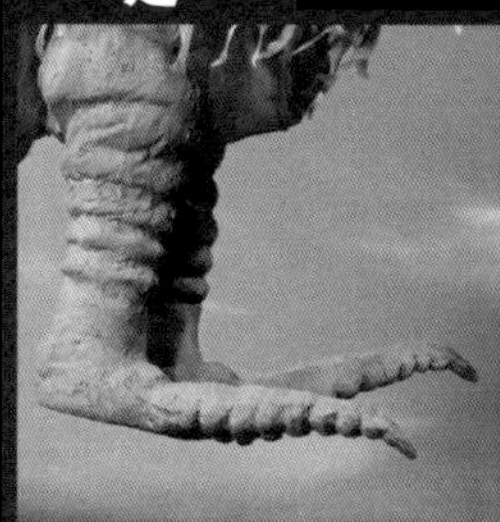

尻尾

攻撃力
防御力
特殊能力
知能
パワー
スピード

身長	40メートル
体重	1万5000トン
出身地	ミクロネシア近海
登場回	第28話「ウルトラ特攻大作戦」

わずか数日の間に、異常気象が立て続けに観測される。まず、サイパン島の東北500キロメートル地点で台風が発生するも、短時間で消滅。続いて、小笠原諸島の南50キロメートルの海上で巨大竜巻が発生し、大型タンカーが島の山中に吹き飛ばされるなど大きな被害をもたらす。そして、紀伊半島で突然発生した台風も、すぐに消えてしまう。これらの異常気象は全て、台風を自在に操る怪獣バリケーンによるものだった。その後、バリケーンは東京上空へ飛来。姿を現し、激しい暴風雨を巻き起こす。

BACKGROUND

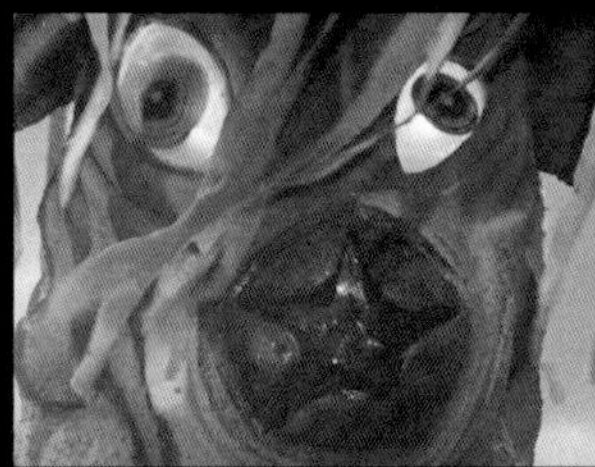

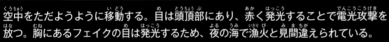

空中をただようように移動する。目は頭頂部にあり、赤く発光することで電光攻撃を放つ。胸にあるフェイクの目は発光するため、夜の海で漁火と見間違えられている。

頭部を回転させると大型の台風が発生。作り出す暴風雨は、小学校や大型船、そしてマットアローまでも吹き飛ばすほどの威力がある。

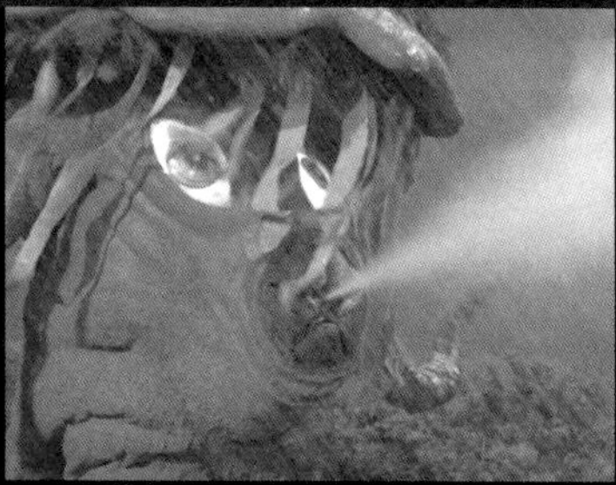

口からのガス、手足の放電など攻撃方法は多彩。エネルギーが不足するとおとなしくなり、ＭＡＴの麻酔弾を受けるも、感電して再び暴れ出す。

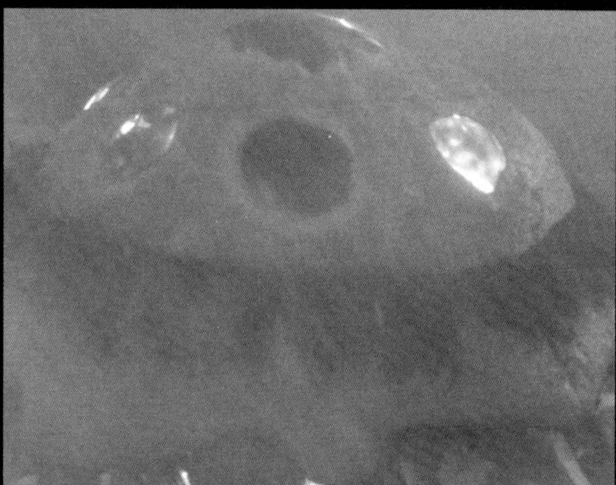

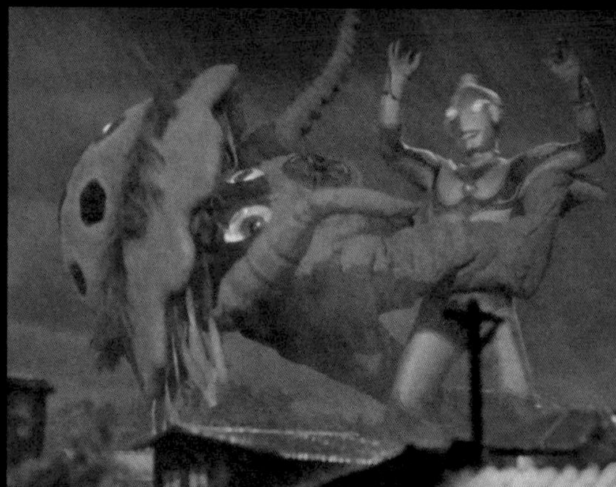

ウルトラマンとの攻防

「竜巻技」に敗れる皮肉な結末

目の前に現れたウルトラマンに、いきなり先制攻撃。台風の強風を利用して飛びついた後、両足で挟んで電撃を放ったり、口からガスを噴射したり、両腕で激しい打撃を加えたりして圧倒。ウルトラマンから「スペシウム光線」で反撃されるも、口で吸収することで無効化し、優位に立つ。しかしこの後、空中に浮かんだところを撃ち落とされると、「ウルトラプロペラ」による竜巻で宇宙空間に運ばれ、そのまま消滅した。途中、空中へと離脱せずに、自由を奪う激しい台風の中で戦い続けていれば、勝機もあったかもしれない。

空に浮遊したところを「ウルトラロケット弾」で撃墜され、形勢が逆転してしまった。

やどかり怪獣

ヤドカリン

鋼の殻を背負う「宇宙の寄宿者」

ＭＡＴの無人宇宙ステーションNo. ５に棲みつき、そのまま地球へと落下してきた宇宙怪獣の一種。

まるで、やどかりの殻のように宇宙ステーションを背負った姿が印象的だ。ステーションの中に潜り込んで外部の攻撃から身を守るが、ステーション内部から攻撃されると、殻から這い出すように本来の姿を現した。

両手は大きなハサミになっており、鉄道のレールを16本まとめて切断できるほどの切れ味を誇る。このハサミから毒液を噴射し、敵をマヒさせることもできる。

ハサミを支える腕は怪力を有し、敵を締め上げたり、破壊力のあるチョップを見舞ったりして攻撃する。足は俊敏性に優れ、フットワークがいい。特殊な形状をしているため、広げて全身を包み込むことができるという。また、宇宙空間をマッハ７の速さで飛行する。

視力も抜群で、スモッグの中まで見通すことができる。さらに頭部に生えている２本の触角はレーダーの機能を持ち、宇宙線の計測を行う他、テレパシーまで使えるという高性能ぶりだ。非常に感知力に長けている怪獣だと言えるだろう。

頭部

足形

背中

長い触角と丸い目で敵を探知する。ステーションに身を潜めた際は、手を使って動いていたようだ。

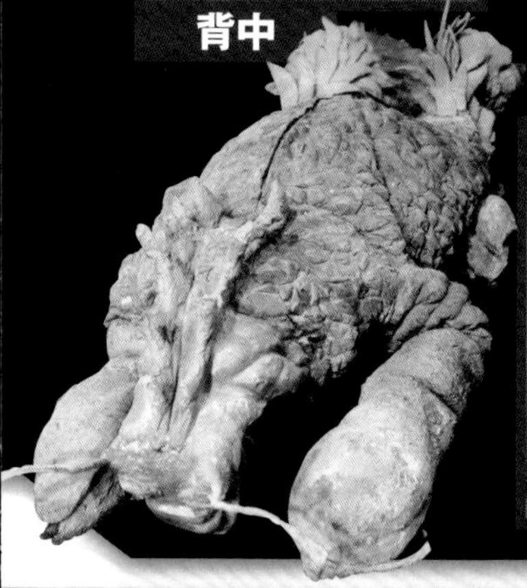

手

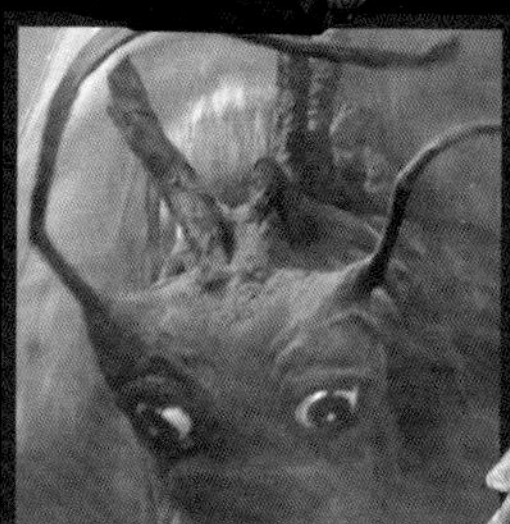

触角

攻撃力
防御力
特殊能力
知能
パワー
スピード

身長	52メートル
体重	5万トン
出身地	宇宙
登場回	第29話「次郎くん怪獣に乗る」

無人宇宙ステーションNo. 5の定期的な点検が行われた後、突然、ステーションからの観測データ送信が途絶えてしまう。郷隊員が確認に向かうと、衛星軌道上からステーションが消失。捜索しても見つからなかったが、なぜか東京から観測データが送信されてくる。実は、点検終了後に怪獣ヤドカリンがステーションに入り込み、東京西部の造成地に落下していたのだ。ヤドカリンはステーションを背負う形で中に潜んでいたが、MATに発見されると動き出し、周囲の住宅街を破壊するのだった。

BACKGROUND

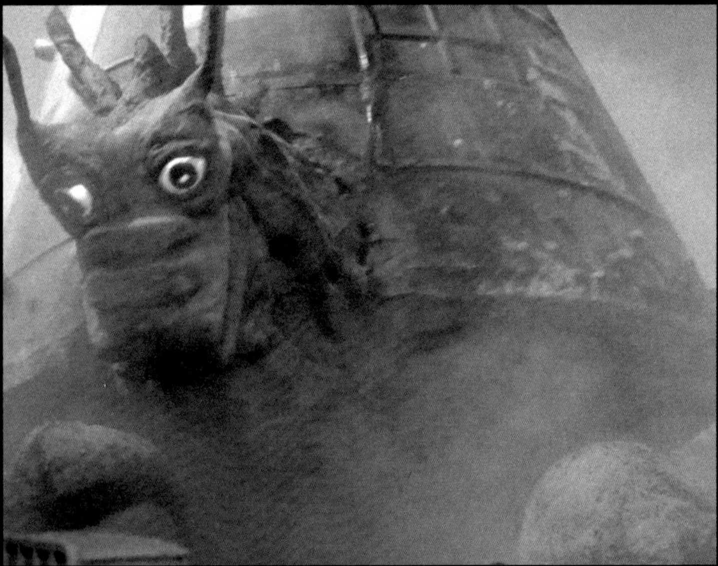

宇宙ステーションを殻のように背負う姿は、やどかりそのもの。本来は臆病な性格で、ずっと殻に閉じこもっていた。

ステーションで身を守るが、体は決して弱くない。ウルトラマンに団地に叩きつけられても、すぐに立ち直った。

ハサミ状の手から、毒液を出して攻撃する。腕力も強く、格闘戦を得意とする。体形に似合わず、身のこなしは非常に速い。

ウルトラマンとの攻防

避難場所の「殻」が大炎上

ステーション内部から郷隊員の攻撃を受けると、本体が分離。そのままウルトラマンと戦闘に入る。本体だけとなったヤドカリンだが、持ち前の俊敏さを活かして攻撃。ウルトラマンを団地に叩きつけたり、両腕で締め上げたりして攻め立て、さらに毒液を吹きかけてダメージを与える。だが、2連続で首投げを食らうと、再びステーションに逃げ込む。完全防御の態勢となったが、MATのナパーム攻撃でステーションが炎上すると、たまらず逃げ出してしまう。そこを「ウルトラランス」で串刺しにされ、あげくトドメを刺された。

槍で動きを止められると、最後は「スペシウム光線」を浴びて燃え上がった。

水牛怪獣

オクスター

仲間の魂を守る「水牛の化身」

大王山の沼に棲む怪獣で、太古から生き残っていた水牛が怪獣化したもの。水中を棲みかとしており、陸上では呼吸ができず、短時間しか活動できない。

水牛は本来、水辺を好むものの陸上にも適応している生物であるが、オクスターは長期間、沼の底で過ごした影響か、水中での生活に適した体に変化していったようだ。ただ、足は健在かつ頑丈であり、陸上でもしっかりと移動することはできる。

特徴は、赤く巨大な２本の角。上下に動かすことができ、ウルトラマンをも押さえつけるパワーがある他、水中ではソナーの役割も果たすとされている。

角のつけ根あたりから背中に向かって生えている、たてがみのような茶色の毛は、鉄の20倍の硬度があるという。

牙の生えた口からは、白い泡状の唾液を噴射する。濃硫酸の数千倍もの強さがあり、人間を瞬時に溶かしてしまう。さらには特殊鋼で作られているマットジャイロの機体をも変質させたほどだ。また、口の中にある舌は伸縮自在で、沼から長く伸ばしては敵を巻きつけ、水中に引きずり込む。

もともとは水牛だっただけあり、2本の巨大な角が目立つ。口の牙も立派で、攻撃時にも使用するようだ。背中の毛は非常に硬く、その身を守る役目を果たす。目は暗い沼底を見通せる視力を持つ。

角

舌

足形

背中

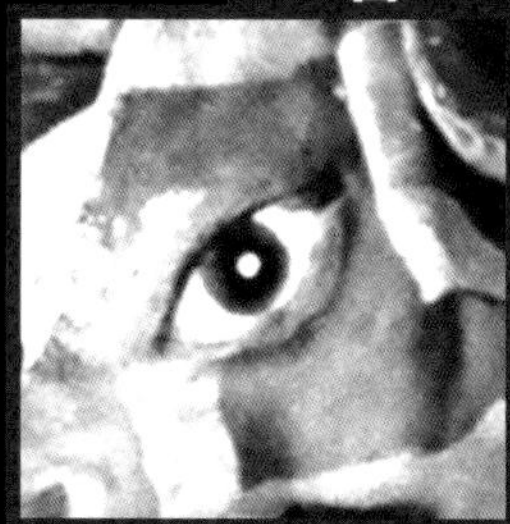
目

口

攻撃力
防御力
特殊能力
知能
パワー
スピード

身長	70メートル
体重	4万5000トン
出身地	大牛神社近くの地底
登場回	第30話「呪いの骨神オクスター」

大王山の沼で、民俗学者と助手が怪獣オクスターの襲撃を受けて、体が消滅。その直後、近隣の古井戸から伸び出た怪獣の舌によって、山小屋の主人が連れ去られる事件が起こった。この山には牛を祀る大牛神社があり、その裏に水牛の骨で埋め尽くされた谷があった。民俗学者はその骨を持ち去ろうとしたために襲われたと推察され、過去にも骨を売りさばこうとした夫婦が行方不明となっていた。谷は古来からの水牛の墓で、オクスターは仲間の墓が荒らされないよう守っていたと考えられる。

BACKGROUND

温厚な性格だが、仲間の墓が荒らされると暴れ出す。大王山では1年に一、二度、満月の夜に怪獣の叫び声が聞かれていた。

普段は水の中に棲み、水場では無類の強さを発揮する。その一方、水のない陸上では呼吸できず、10分程度しか動けない。戦闘力も大幅にダウンしてしまう。

巨大な角での攻撃は非常に強力。口から吐く唾液は、あらゆる物を溶解してしまう。長々と伸びる舌も、戦闘時には脅威となりそうだ。

ウルトラマンとの攻防

得意の水中戦も「荒技」に屈する

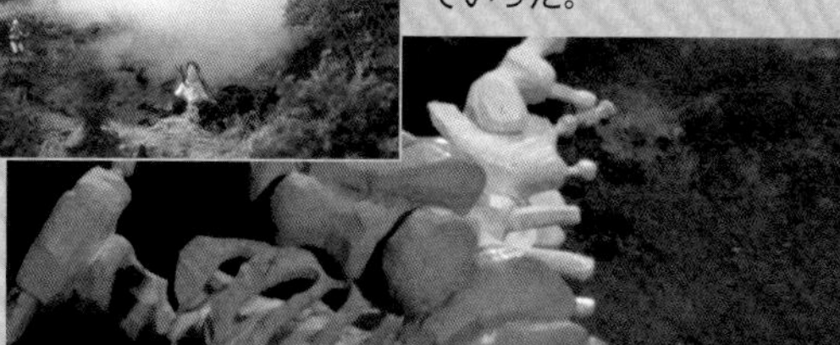

最後は仲間の骨と共に、大雨によって沼の底へと沈んでいった。

肉弾戦となるが、パワーでは全く引けを取らず、主導権を握る。すると、ここでウルトラマンが潜水し、戦いの舞台は水中へ。だが、水中を得意とするオクスターは攻撃の手を緩めず、さらに角や唾液攻撃で一方的に攻め立てる。分が悪いと思ったのか、ウルトラマンは「ウルトラブレスレット」で沼の水を全て蒸発させてしまうと、「スペシウム光線」と「ウルトラショット」で連続攻撃。オクスターは骨と化した。もしも、無尽の水がある海での戦いであったなら、オクスターが勝利していただろうと思わせる戦闘であった。

囮怪獣

プルーマ

標的と戦う「悪魔の下僕」

ウルトラマン抹殺を企む宇宙怪人ゼラン星人によって、地球に送り込まれた怪獣。おとりとなってウルトラマンと戦闘し、「ウルトラブレスレット」を使わせることを使命とする。K地区の地下に潜伏して、桐ヶ丘小学校の地中から出現した。

頭から背中を覆う甲羅が特徴的。甲羅は「スペシウム光線」をはね返すほどの硬度を誇る他、頭頂部が尖った角のようになっており、攻撃時にも利用する。また、この角でゼラン星人からのテレパシーを受信するとされる。

甲羅だけではなく、皮膚もウルトラマンの打撃技にもビクともしない頑丈さを有する。口には3本の鋭い牙があり、クジラを噛み砕くほどのパワーがあると言われている。口からは、赤い破壊光線を吐くこともできる。

力が強く、パンチはビルをたやすく破壊し、チョップはウルトラマンを吹き飛ばす。手のツメは、どんなに固い地盤でも掘り起こす鋭利さを持つ。足には大きな一本ヅメが生えていて、内側がヤスリ状になっているという。

少年や病院を盾にしながら破壊活動を行ったが、こうした狡猾な行動はゼラン星人からの指令を受けてのものと考えられる。

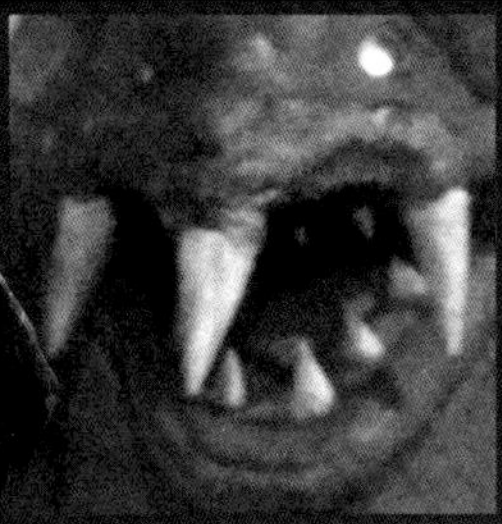

口

角

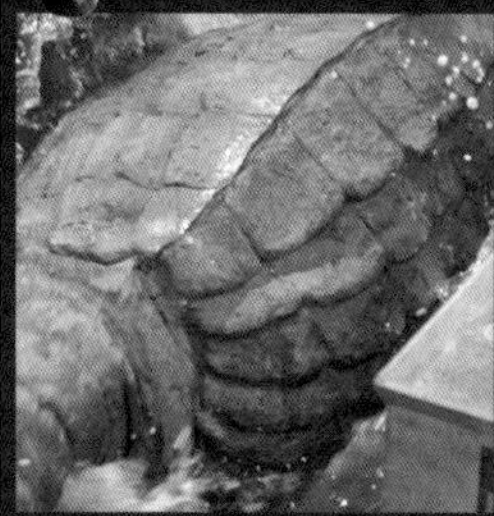

甲羅

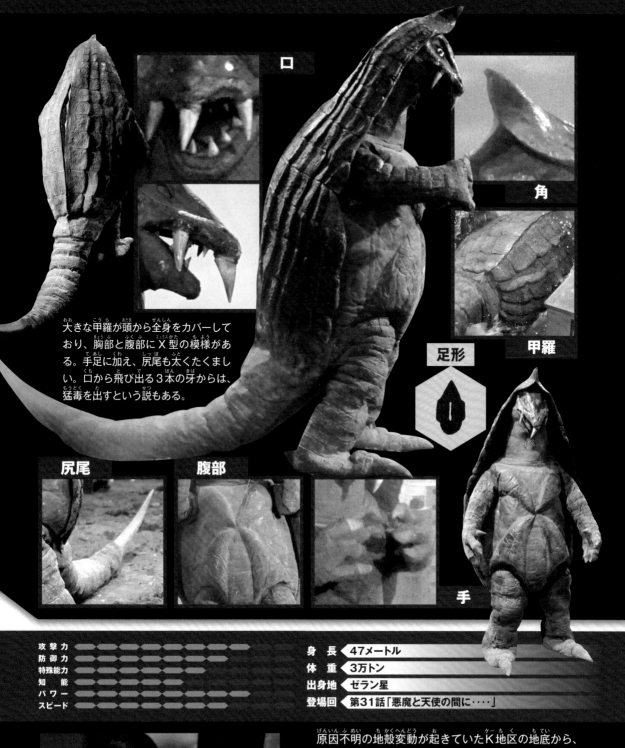

大きな甲羅が頭から全身をカバーしており、胸部と腹部にＸ型の模様がある。手足に加え、尻尾も太くたくましい。口から飛び出る３本の牙からは、猛毒を出すという説もある。

足形

尻尾

腹部

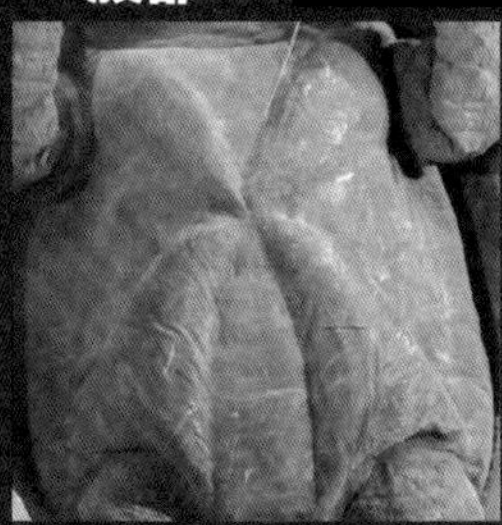

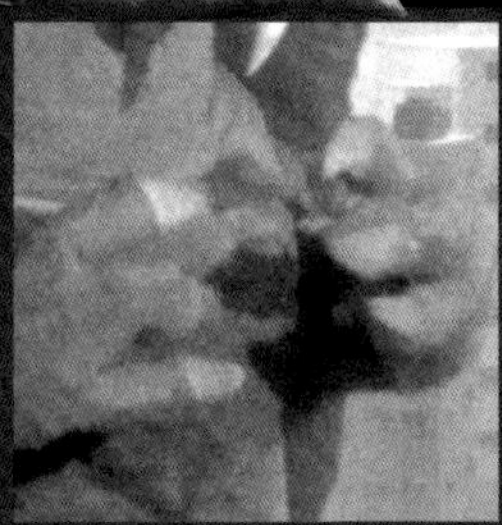

手

攻撃力
防御力
特殊能力
知能
パワー
スピード

身長	47メートル
体重	3万トン
出身地	ゼラン星
登場回	第31話「悪魔と天使の間に‥‥」

原因不明の地殻変動が起きていたＫ地区の地底から、怪獣プルーマが現れる。登場したウルトラマンがプルーマを撃退するが、トドメを刺した「ウルトラブレスレット」が、逆にウルトラマンに襲いかかってしまう。実は、地球侵略を狙うゼラン星人が、最大の障害となるウルトラマンの抹殺を計画。まず、プルーマと戦わせてブレスレットを使わせた後、そのままその制御を奪ってウルトラマンを攻撃し、命を奪おうとしたのだった。ゼラン星人は非常に高い知能と科学力を持っていたと思われる。

BACKGROUND

主であるゼラン星人と共に地球へ。地底に潜伏していた。甲羅も皮膚も非常に強固で、あらゆる攻撃を防いでしまう。

自分の役目をきっちり果たす善戦

ウルトラマンとの攻防

ウルトラマンとパワー勝負でぶつかり合う。尻尾を持たれて投げ飛ばされるなど苦戦しつつも、体当たりで応戦。「スペシウム光線」を耐え切るタフさも見せつけ、一進一退の展開となる。その後、破壊光線を連発して追い込むが、「ウルトラスパーク」で首を切断されてしまい、最後は緑色の液体を流しながら地面に倒れ、白い泡となって消え去った。プルーマの役割は勝利ではなく、「ウルトラブレスレット」を使わせること。ゼラン星人の思惑通りになった点では、プルーマは敗者とは言えないのかもしれない。

光線が直撃してもビクともしなかったが、ブレスレット技には敵わなかった。

破壊光線を口から放出することが可能。怪力が最大の武器で、ウルトラマンにも引けを取らない。おとりの怪獣ではあるが、戦闘力は決して低くない。

ALIEN ZIRAN

宇宙怪人

ゼラン星人

足形

少年になりすます「狡猾な悪魔」

身長 1.65メートル

体重 45キログラム

出身地 ゼラン星

登場回 第31話「悪魔と天使の間に‥‥」

地球侵略を目論み、邪魔になるウルトラマンの抹殺を企てた宇宙人。変身能力を持ち、地球人の少年に化けて行動した。目から青い光線を放ち、人間を消し去ることが可能。テレパシーを使う際にも目が青く光る。ランドセルの中に潜ませた特殊な装置を用い、強力な磁力を発生。「ウルトラブレスレット」を操ってウルトラマンを攻撃したが、その正体に気づいた伊吹隊長に銃撃され、絶命した。

<ruby>変幻怪獣<rt>へんげんかいじゅう</rt></ruby>
キングマイマイ

<ruby>夕空<rt>ゆうぞら</rt></ruby>に<ruby>羽<rt>は</rt></ruby>ばたく「<ruby>竜神岳<rt>りゅうじんだけ</rt></ruby>の<ruby>金色蝶<rt>こんじきちょう</rt></ruby>」

　<ruby>長年<rt>ながねん</rt></ruby>の<ruby>間<rt>あいだ</rt></ruby>、<ruby>竜神岳<rt>りゅうじんだけ</rt></ruby>の<ruby>地底<rt>ちてい</rt></ruby>で<ruby>氷<rt>こおり</rt></ruby>に<ruby>包<rt>つつ</rt></ruby>まれ<ruby>眠<rt>ねむ</rt></ruby>っていた<ruby>怪獣<rt>かいじゅう</rt></ruby>。<ruby>昆虫<rt>こんちゅう</rt></ruby>のように<ruby>脱皮<rt>だっぴ</rt></ruby>をして、<ruby>幼獣<rt>ようじゅう</rt></ruby>から<ruby>成獣<rt>せいじゅう</rt></ruby>に<ruby>変態<rt>へんたい</rt></ruby>する。

　<ruby>幼獣<rt>ようじゅう</rt></ruby>は、ゴツゴツとした<ruby>皮膚<rt>ひふ</rt></ruby>に<ruby>覆<rt>おお</rt></ruby>われ、ＭＡＴの<ruby>攻撃<rt>こうげき</rt></ruby>にもひるまない<ruby>防御力<rt>ぼうぎょりょく</rt></ruby>を<ruby>備<rt>そな</rt></ruby>えている。<ruby>尻<rt>しり</rt></ruby>からは、「イエロー<ruby>光弾<rt>こうだん</rt></ruby>」と<ruby>呼<rt>よ</rt></ruby>ばれるガスを<ruby>放出<rt>ほうしゅつ</rt></ruby>して<ruby>周囲<rt>しゅうい</rt></ruby>を<ruby>攻撃<rt>こうげき</rt></ruby>する。<ruby>連射<rt>れんしゃ</rt></ruby>が<ruby>可能<rt>かのう</rt></ruby>である<ruby>一方<rt>いっぽう</rt></ruby>、<ruby>威力<rt>いりょく</rt></ruby>はそれほど<ruby>高<rt>たか</rt></ruby>くはないようだ。なお、<ruby>通常<rt>つうじょう</rt></ruby>は<ruby>二足歩行<rt>にそくほこう</rt></ruby>だが、イエロー<ruby>光弾<rt>こうだん</rt></ruby>を<ruby>出<rt>だ</rt></ruby>す<ruby>際<rt>さい</rt></ruby>には<ruby>四<rt>よ</rt></ruby>つん<ruby>這<rt>ば</rt></ruby>いになる。

　<ruby>成獣<rt>せいじゅう</rt></ruby>になると、<ruby>巨大<rt>きょだい</rt></ruby>な<ruby>羽<rt>はね</rt></ruby>を<ruby>持<rt>も</rt></ruby>つ。マッハ<ruby>5<rt>ご</rt></ruby>の<ruby>速度<rt>そくど</rt></ruby>で<ruby>飛行<rt>ひこう</rt></ruby>することができ、<ruby>敵<rt>てき</rt></ruby>からの<ruby>攻撃<rt>こうげき</rt></ruby>を<ruby>避<rt>さ</rt></ruby>ける<ruby>俊敏<rt>しゅんびん</rt></ruby>さを<ruby>発揮<rt>はっき</rt></ruby>する。<ruby>羽<rt>は</rt></ruby>ばたくことで、<ruby>風速<rt>ふうそく</rt></ruby>100メートルもの<ruby>風<rt>かぜ</rt></ruby>を<ruby>起<rt>お</rt></ruby>こし、<ruby>地上<rt>ちじょう</rt></ruby>の<ruby>建物<rt>たてもの</rt></ruby>を<ruby>吹<rt>ふ</rt></ruby>き<ruby>飛<rt>と</rt></ruby>ばしてしまうことも<ruby>可能<rt>かのう</rt></ruby>だ。

　<ruby>目<rt>め</rt></ruby>は、<ruby>幼獣時<rt>ようじゅうじ</rt></ruby>の<ruby>黒目<rt>くろめ</rt></ruby>のある<ruby>目<rt>め</rt></ruby>から、<ruby>昆虫<rt>こんちゅう</rt></ruby>のような<ruby>複眼<rt>ふくがん</rt></ruby>に<ruby>変化<rt>へんか</rt></ruby>し、10<ruby>万<rt>まん</rt></ruby>キロメートル<ruby>先<rt>さき</rt></ruby>まで<ruby>見<rt>み</rt></ruby>ることができるようになる。ハサミ<ruby>状<rt>じょう</rt></ruby>の<ruby>手<rt>て</rt></ruby>は、<ruby>幼獣時<rt>ようじゅうじ</rt></ruby>よりも<ruby>鋭利<rt>えいり</rt></ruby>さが<ruby>増<rt>ま</rt></ruby>す。<ruby>尻尾<rt>しっぽ</rt></ruby>も<ruby>長<rt>なが</rt></ruby>くなり、<ruby>敵<rt>てき</rt></ruby>に<ruby>巻<rt>ま</rt></ruby>きつけるなど<ruby>攻撃時<rt>こうげきじ</rt></ruby>にも<ruby>利用<rt>りよう</rt></ruby>。さらに、<ruby>口<rt>くち</rt></ruby>から<ruby>粘着力<rt>ねんちゃくりょく</rt></ruby>の<ruby>強<rt>つよ</rt></ruby>い<ruby>糸<rt>いと</rt></ruby>を<ruby>吐<rt>は</rt></ruby>き、<ruby>相手<rt>あいて</rt></ruby>の<ruby>動<rt>うご</rt></ruby>きを<ruby>封<rt>ふう</rt></ruby>じ<ruby>込<rt>こ</rt></ruby>める。

　また、<ruby>戦闘中<rt>せんとうちゅう</rt></ruby>に<ruby>死<rt>し</rt></ruby>んだふりをして<ruby>油断<rt>ゆだん</rt></ruby>を<ruby>誘<rt>さそ</rt></ruby>うなど、<ruby>成獣<rt>せいじゅう</rt></ruby>は<ruby>知能<rt>ちのう</rt></ruby>も<ruby>高<rt>たか</rt></ruby>くなるとみられる。

尻尾（幼獣）

背中（幼獣）

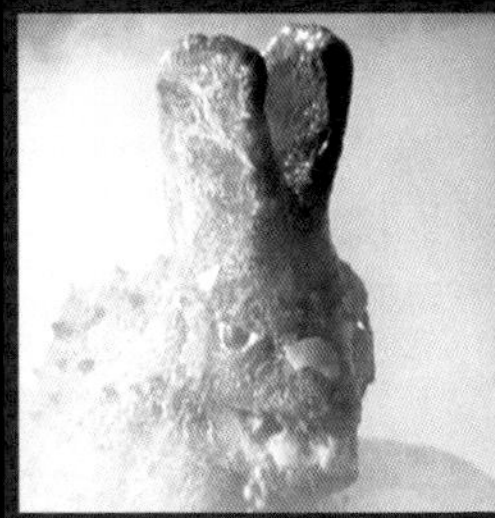
頭頂部（幼獣）

幼獣は、二股に分かれた頭部の角が特徴。成獣では２本の大きな触角となる。また、幼獣は背に２本のヒレがあるが、成獣では大きな羽となる。

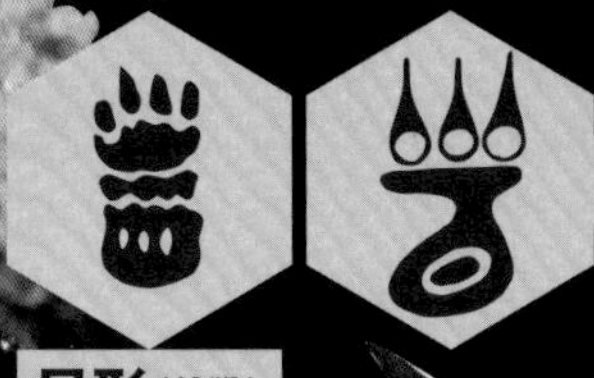
足形（幼獣）
足形（成獣）

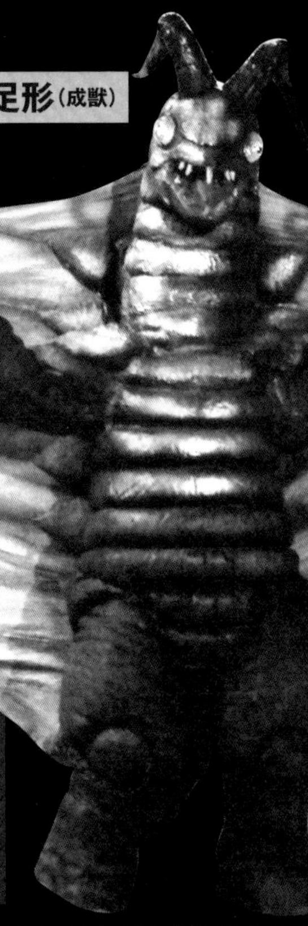

羽（成獣）

触角（成獣）

口（成獣）
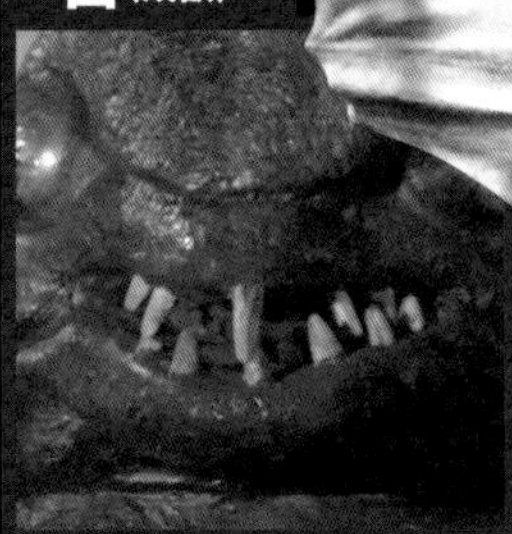

尻尾（成獣）

攻撃力
防御力
特殊能力
知能
パワー
スピード

身長	40メートル（幼獣）／48メートル（成獣）
体重	1万5000トン（幼獣）／2万5000トン（成獣）
出身地	竜神岳の地底
登場回	第32話「落日の決闘」

竜神岳の周辺で、原因不明の地震や地鳴りが頻発。MATが調査すると、震度のデータから、巨大生物の関与が判明。時折起きている地震は、生物の心臓の鼓動によるもので、その間隔はだんだん狭まっており、眠りから覚めつつある状態だと推測された。

そして、竜神トンネル内にできた亀裂の奥で、冬眠状態にある怪獣キングマイマイの幼獣を発見。幼獣は全身氷づけになっていたが、大地震と共に覚醒し、凍ったまま地上へと姿を現すのだった。

BACKGROUND

幼獣時は地底で氷づけとなって眠っていた。手のツメで地面を掘って潜ったとみられる。尻からは、まるで放屁のようにイエロー光弾を出して攻撃する。

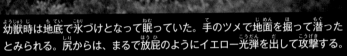

幼獣の頭部が裂けることで、成獣へと変態。変態前に右腕を失っていたものの、成獣では両腕がそろっていた。幼獣は氷に包まれ冬眠していたが、成獣は寒さに弱いとされる。

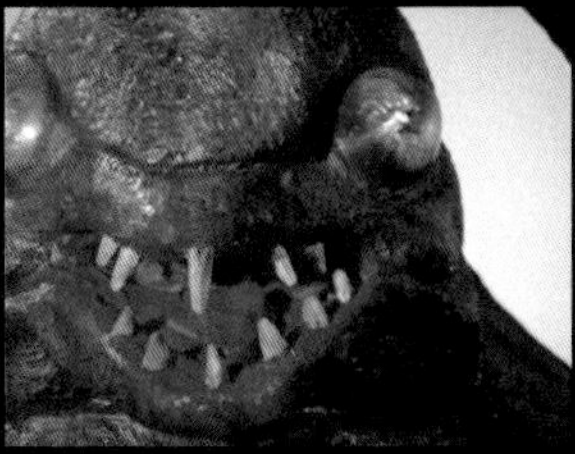

空を素早く動き回り、敵の攻撃を回避する。口から吐く糸は粘着性が強く、相手の自由を奪うことが可能。皮膚が硬く、防御力は高い。

ウルトラマンとの攻防

防戦一方でだまし討ちも不発

幼獣時にはＭＡＴとの戦闘に。集中砲火を浴び、爆弾で右腕を失うと、活動を停止したが、落日の頃に成獣へと変態。時を同じくして出現したウルトラマンと戦闘を開始する。

馬乗り状態で激しく殴られるが、尻尾を首に巻きつけて一度は回避。しかし、首を絞められ、尻尾を曲げられ、さらに羽まで折られて、倒れ込んでしまう。ただ、これは絶命したかに見せる策略で、背中を向けたウルトラマンに糸を吐き、動きを封じ込めることに成功。ところが、反撃する前に「ウルトラスピン」で振り払われ、そのまま倒された。

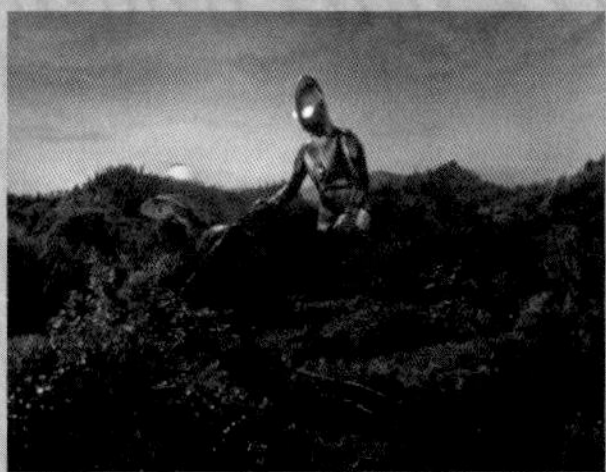

うまくだましたものの、最後は「ブレスレットボム」で腹の中から爆破されてしまった。

巨大魚怪獣

ムルチ

河原に棲む「火吹き半魚獣」

宇宙調査員メイツ星人によって、河原付近の地中に封じ込められていた怪獣。魚類と動物の中間生物と言われ、地上では二足歩行で行動する。

鮭にも似ている顔を持つ頭部にはエラがあり、水中でも呼吸できる。泳ぐ速度は非常に速いとされる。背中のヒレは、空気中の電気を集めて放出することが可能だ。また、全身の皮膚は非常に硬い。口には、上下に１本ずつ、大きな牙が生えている。この牙は猛毒を有し、クジラを５秒で倒すという。魚の胸ビレを連想させる形をした手は大きく、怪力を活かしたパンチやチョップで敵を攻撃する。

足にもパワーがあり、踏みつけ攻撃を得意としている一方、地上での敏捷性はあまり高くないようだ。最大の武器となるのは、口から吐く強力な火炎で、その威力は街や工場を一瞬で火の海にするほど。

１年前に一度姿を現したが、メイツ星人が念動力で封印。メイツ星人が殺害されたことで封印が解かれ、地上へ再び出現し、暴れ回った。もともと、地球に棲息していた怪獣だと考えられるが、その出自、そして出現した理由は不明だ。

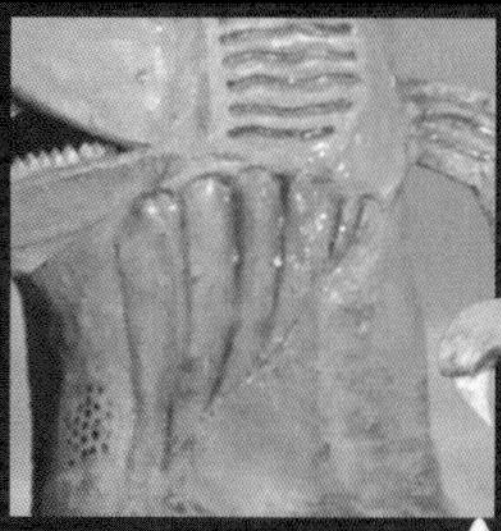

エラ

口

頭頂部

足形

目

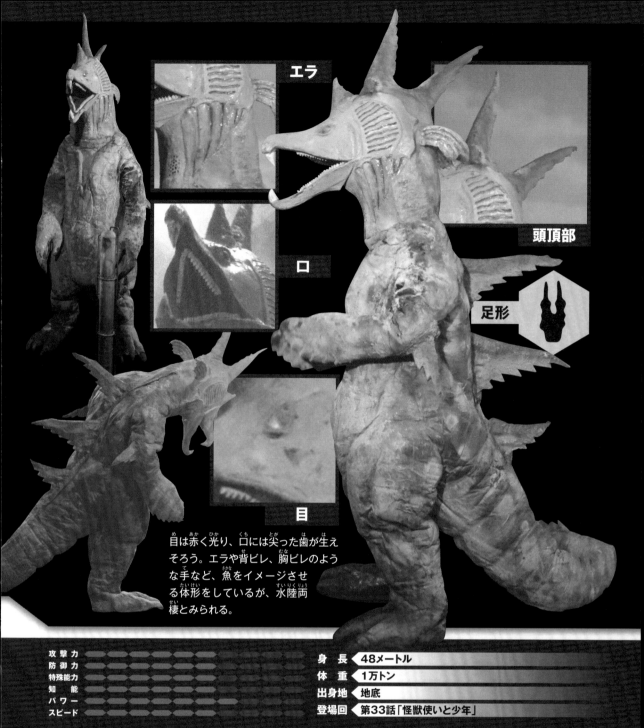

目は赤く光り、口には尖った歯が生えそろう。エラや背ビレ、胸ビレのような手など、魚をイメージさせる体形をしているが、水陸両棲とみられる。

身長	48メートル
体重	1万トン
出身地	地底
登場回	第33話「怪獣使いと少年」

河原の廃墟に住む少年が、超能力を使う宇宙人だという噂が立つ。河原に穴を掘り続ける少年は、街の住民から襲撃を受けるが、そこに体の弱った老人が現れる。実はこの老人はメイツ星人で、少年と廃墟で親子のように生活。少年は、地球の汚れた大気で体を蝕まれたメイツ星人を、一刻も早く母星へと帰らせるため、地面に埋められた宇宙船を探していたのだ。老人が自分の正体を告白すると、住民たちは宇宙人を悪者と決めつけ、殺害。すると、封印されていた怪獣ムルチが出現するのだった。

BACKGROUND

メイツ星人の念動力で、地中に封じられていた。甲高い咆哮をあげながら行動し、尻尾はまるで蛇のように動く。

ウルトラマンとの攻防

打撃技の応酬はウルトラマンに軍配

ウルトラマンとは真っ向勝負の格闘戦を展開。足で踏みつけた後、両手でチョップを連発してダウンさせるなど、持ち前の怪力で攻勢をかける。だが、ウルトラマンに投げ技で対抗され、倒されたあげく、馬乗りで頭部に激しい攻撃を受けると、すっかりダウン。さらに持ち上げられ、放り投げられたところに、「スペシウム光線」を受け、爆死した。ムルチが暴れ回っても、ウルトラマンはなかなか出現しなかった。変身前の郷隊員の心に怪獣退治への迷いが生じていたためで、戦いを放棄した可能性も十分にあった局面だった。

パワーで攻め立てる場面もあったが、やはり戦闘力では相手のほうが一枚上手だった。

高速道路を簡単に破壊できるパワーを持つ。口から出す火炎はかなりの高温で、建物をアッという間に焼失させてしまう。

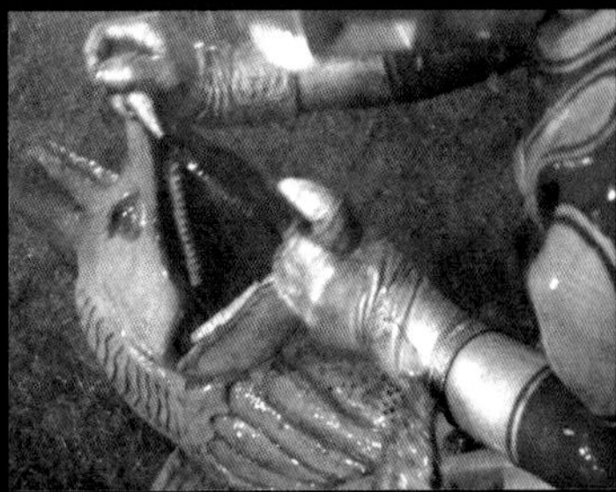

宇宙調査員 メイツ星人

ALIEN MEITS

足形

少年を守る「心優しき観測者」

身　長 2.1メートル
体　重 68キログラム
出身地 第12星雲・メイツ星
登場回 第33話「怪獣使いと少年」

風土や気候の調査のため、宇宙船に乗って地球へ飛来した宇宙人。性格は善良で、巨大魚怪獣ムルチに襲われていた地球人の少年を助け、共に生活するようになった。地球では人間の姿で行動。手からは念動力を出し、この力でムルチを地底に封じた他、宇宙船も地中に隠した。汚染された地球の大気によって衰弱し、行動することも困難になっていたが、最後は暴徒化した地球人に殺害された。

合性怪獣

レオゴン

科学が生んだ「悲しき人造怪物」

動物と植物の合成を研究していた科学者・水野一郎によって作り出された新生命体。トカゲとウツボカズラの異種交配によって生み出されたタマゴに、水野が発見した「α-レオン電磁波」を浴びせたことにより孵化した。

誕生直後は30センチメートルほどだったが、すぐに人間大となって研究所から逃げ出し、最終的に50メートルにまで巨大化した。全身は爬虫類に近く、皮膚は緑色で、動物と植物の特徴を併せ持つという。水中適性があり、耳がソナーの役割を果たし、500キロメートル四方を探知する。弱点は「β-レオン電磁波」で、浴びることで死に至るという。

背中にある２つのツボ状の突起が特徴で、ここからツルを伸ばして相手を捕らえ、穴の中へ引きずり込んで吸収する。ツルの先には重りが付いており、敵に巻きつけることで動きを封じる。なお、ツルは草をすりつぶしたような青臭い匂いがするといい、ＭＡＴの分析では、その細胞は植物そのものだという。

レオゴンは植物と動物を掛け合わせた新生命体だった。現在でも世界各地で未確認生物が目撃されているが、レオゴンのような科学が生んだ新生命体なのかもしれない。

タマゴ

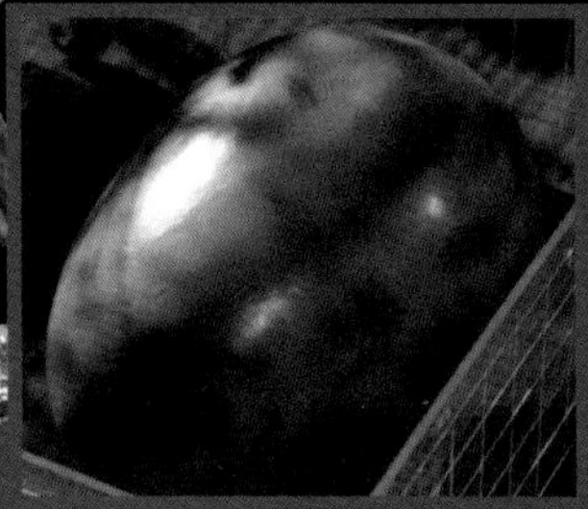

手足

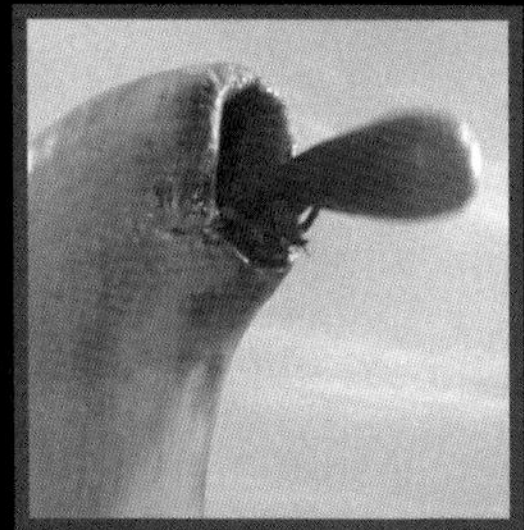

突起

背ビレ

腕と足は非常に太く、手足は葉っぱのようにも見える。背中の左右にある突起には穴が開いており、中から重りの付いたツルを放出する。緑色の皮膚は葉緑素によるものと考えられる。ただし、背ビレ付近だけは茶色である。

ツル

足形

足形(成長前)

身長	50メートル
体重	3万5000トン
出身地	水野生物研究所
登場回	第34話「許されざるいのち」

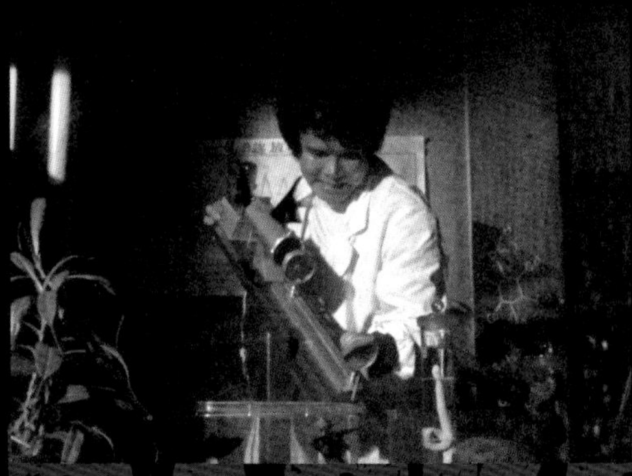

街の一部で、謎の電磁波が計測される。この電磁波からは、生物の細胞に変化を起こすような不思議な反応があった。その後、街の中で巨大なトカゲのような生物が目撃される。これは、水野生物研究所の科学者・水野が作り出した新生命体の怪獣レオゴンだった。水野は、植物と動物を異種交配させてタマゴを作り、そのタマゴに自らが開発した「α-レオン電磁波」を照射。孵化させてレオゴンを生み出した。レオゴンはみるみる大きくなって研究所を逃げ出し、芦ノ湖で遊覧船を襲うようになる。

BACKGROUND

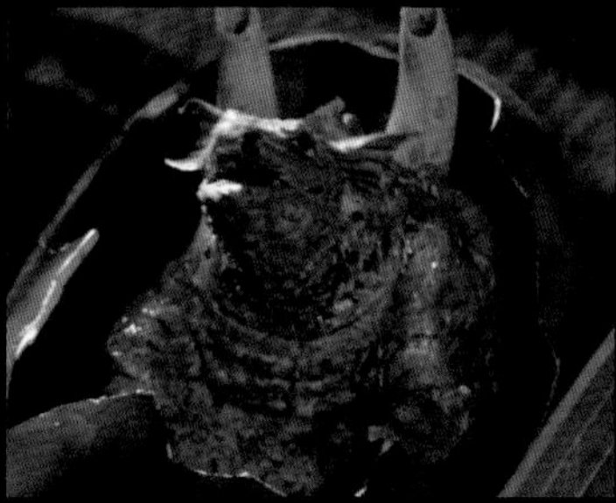

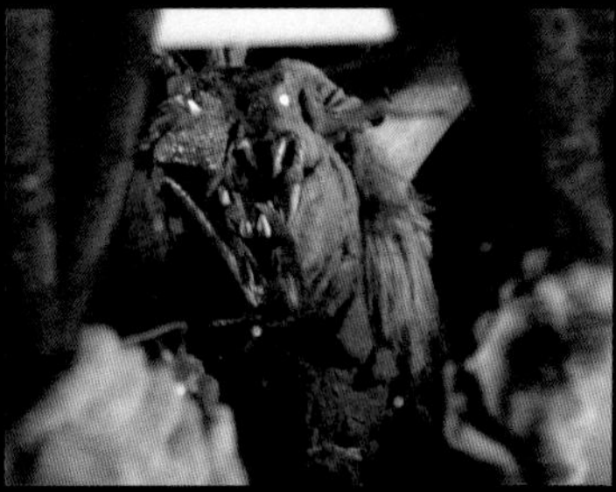

成長速度が速く、タマゴから孵化すると、アッという間に巨大化した。おとなしい性格だが、力は強い。研究所から逃げた後は、芦ノ湖の水中に潜んでいた。

２本の突起からツルを出して、敵を絡め取ることが可能。相手の動きを封じる他、そのまま突起の穴から体内に吸収することもある。咆哮は獣のようだ。

四足歩行だが、戦闘時には立ち上がる。皮膚は頑丈である一方、攻撃力は低く、戦闘が得意ではないとみられる。動きは鈍いが、飛びかかることもある。

ウルトラマンとの攻防

ツルを駆使して一矢報いるが……

序盤、「スペシウム光線」でツルを切断されたり、投げ技を食らったりと劣勢が続き、いったん距離を取ってブレイク。その間、水中にもう1本のツルを潜らせてウルトラマンの足を捕らえ、ダウンさせることに成功する。のしかかってのパンチ攻撃でダメージを与えるものの、一瞬のスキを突かれ放たれた「ウルトラスパーク」で腕と突起が切断され、倒れ込んだ後に爆発した。

レオゴンの元となったトカゲもウツボカズラも、人を襲う存在ではない。このような生命体を生み出した人間こそが、本当の怪獣と言えるのかもしれない。

戦闘力が低いため、のしかかるのが精一杯。最後はバラバラになった。

光怪獣

プリズ魔

明かりを貪る「白き魔物」

南極大陸の氷の中に長年閉じ込められていたが、太陽黒点の異変の影響によって出現した怪獣。オーロラ状の光の中から、白い霧と共に出没する。出現の際には甲高い、歌声のような音も発するようだ。

全身が透明な結晶体のようなもので構成されており、ＭＡＴの郷隊員は普通の物質ではなく、光が物質状に凝縮した「光の塊」だと推測している。

エネルギー源は光で、昼間は太陽光を吸収、夜間は人工の光を探し求める。また、体の中心部から放射する光線によって、あらゆる物質を結晶化させて光に変えることができる。これにより、船や灯台、そして人間まで光に変えて吸収し、自らのエネルギーにしていた。

他にも中心部からは、相手の行動を反転させる光線や、相手を引き寄せる光線などを放つことが可能。さらに、中心部自体が高熱を帯びているため、武器として使用することもある。

全身は非常に強固で、他からの攻撃を一切受けつけない。その一方、低温には弱く、零下273度の極低温下では、完全に動きが止まってしまう。

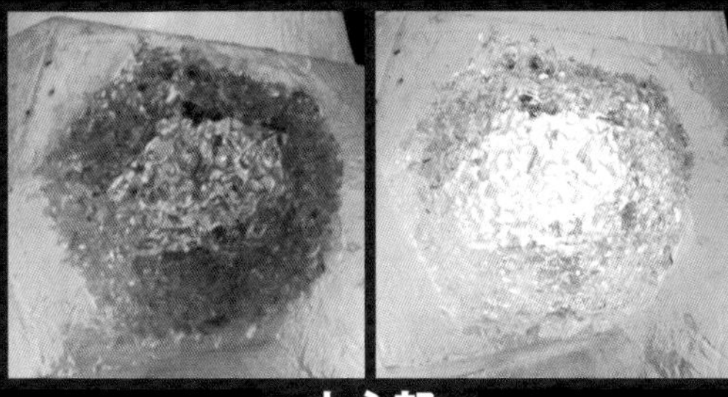

中心部

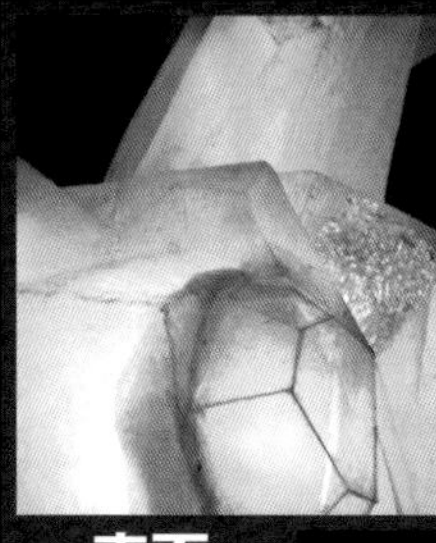

表面

足形

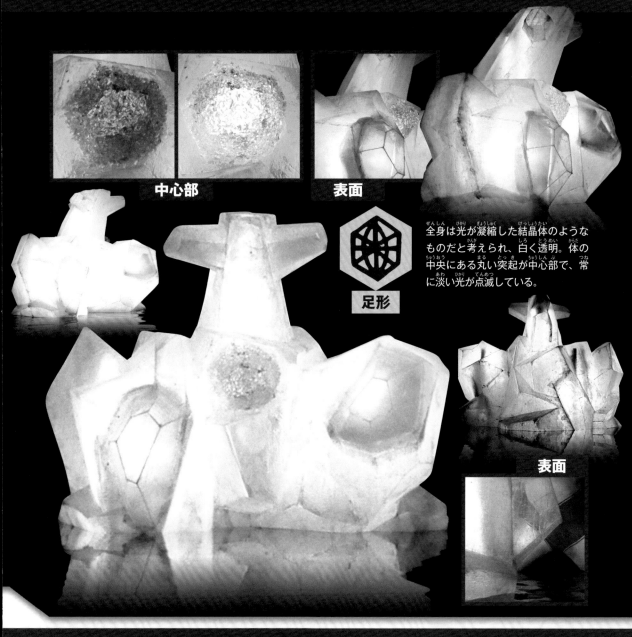

全身は光が凝縮した結晶体のようなものだと考えられ、白く透明。体の中央にある丸い突起が中心部で、常に淡い光が点滅している。

表面

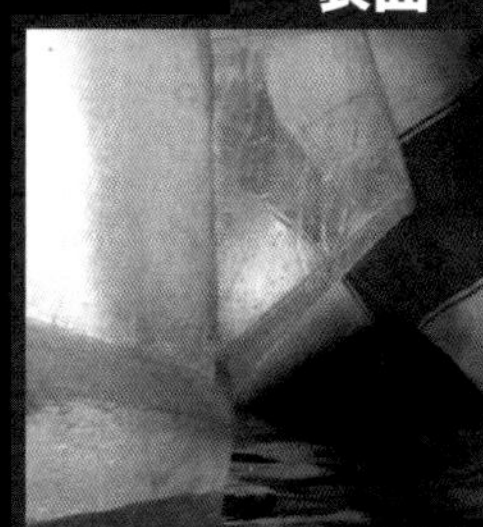

攻撃力
防御力
特殊能力
知能
パワー
スピード

身長	35メートル
体重	1万8000トン
出身地	南極
登場回	第35話「残酷！光怪獣プリズ魔」

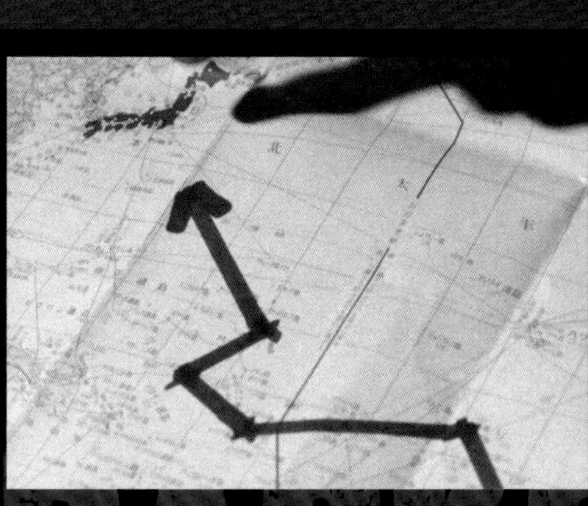

南極大陸から南太平洋にかけて、船舶や灯台が一夜のうちに跡形もなく消失するという原因不明の事件が頻発。また、海で遭難して救助された船員が、謎の結晶に姿を変え、光を放った後で消滅していた。郷隊員は事件があった場所をたどり、何者かが日本に接近中だと予測。南の海へ調査に向かうと、怪獣プリズ魔が出現。光線によって一瞬で灯台を消滅させる。実は、南極で氷づけにされていたプリズ魔が、太陽黒点の変化に伴い、活動を再開。あらゆる物を結晶化し、光に変えていたのだった。

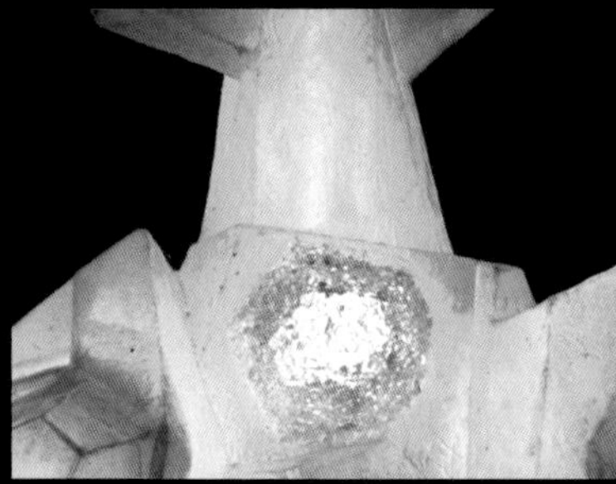

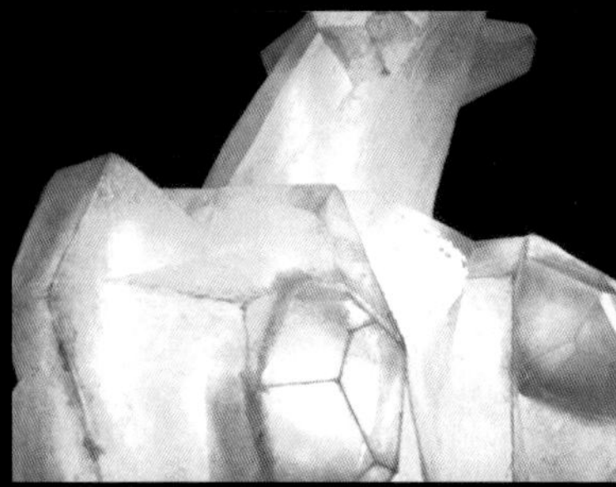

光をエネルギーとし、光に飢えている。昼は太陽光で満足できるが、夜になると光を求めて行動を起こす。

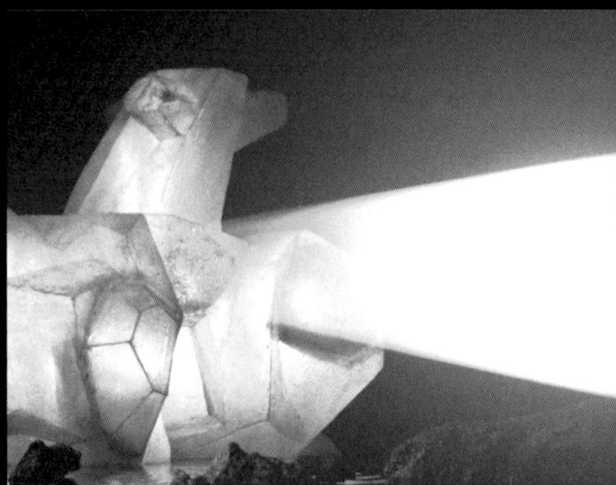

一種のレーザー光線発生装置のような存在だと推測され、あらゆる物質を光を発する結晶に変化させてしまう。

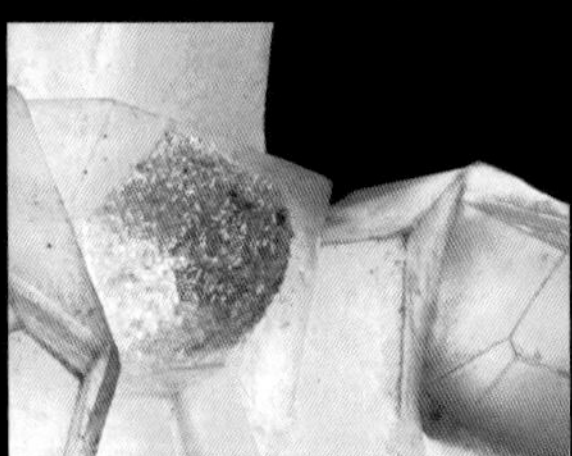

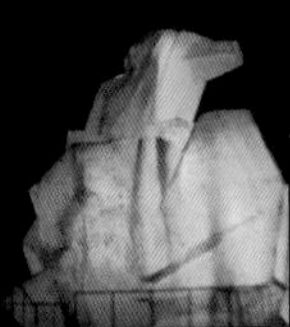

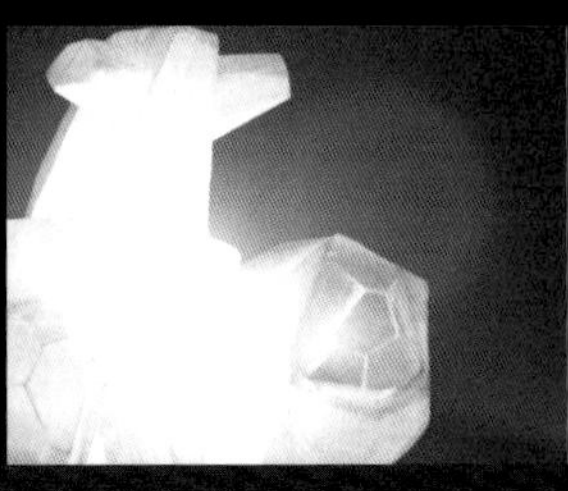

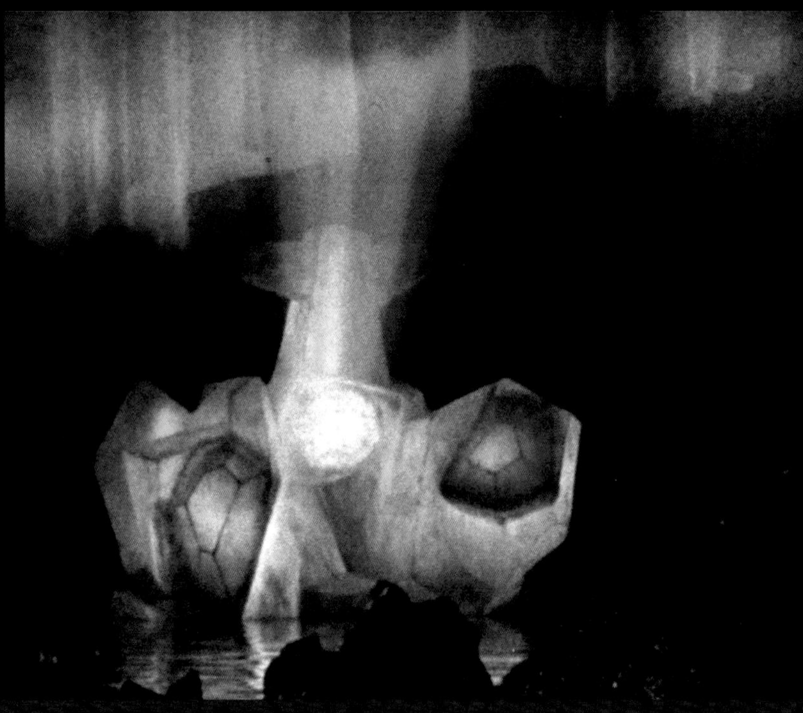

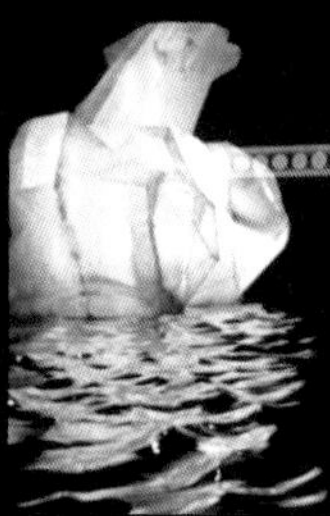

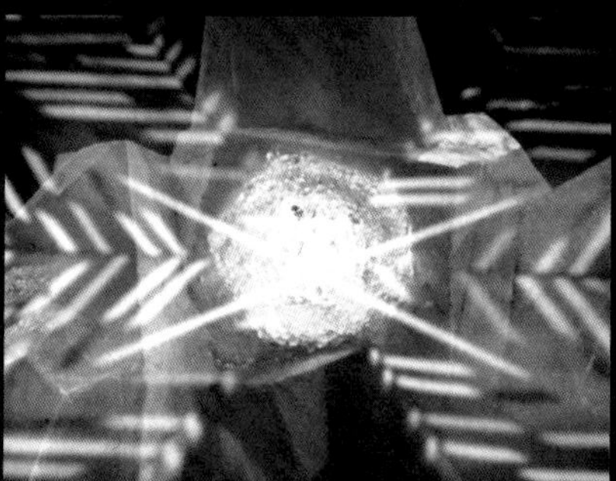

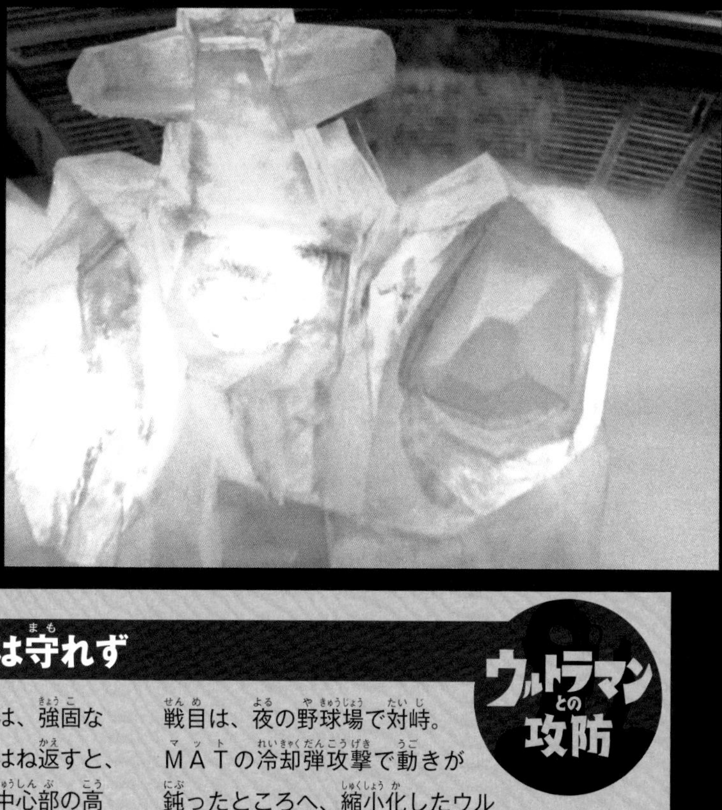

結晶化、引き寄せ、反転など、中心部から様々な力を持った光線を出す。体は非常に硬く、あらゆる攻撃を完璧に無効化してしまう。

ウルトラマンとの攻防

鉄壁の防御力でも体内は守れず

ウルトラマンとは二度戦闘。1戦目は、強固なボディでウルトラマンの攻撃を完璧にはね返すと、引き寄せ光線を発射。体を触れさせ、中心部の高熱でダメージを与えた後、吸収を試みる。だが、これを回避したウルトラマンの強力冷凍ガス「ウルトラフロスト」を受けると、一時退却する。2戦目は、夜の野球場で対峙。ＭＡＴの冷却弾攻撃で動きが鈍ったところへ、縮小化したウルトラマンに体内へ侵入され、最後は内部から「スペシウム光線」を放たれて爆散した。ウルトラマンの捨て身の攻撃が功を奏した結果となった。

外からの攻撃は全く効かなかっただけに、体内への侵入を許したのは痛かった。

吸血宇宙星人

ドラキュラス

DRACULAS

死者に取りつく「闇夜の魔人」

女性の血液を吸ってエネルギーとする、カーミラ星の宇宙人。亡くなった女性に乗り移り、若い女性たちの血を吸っていた。太陽光や明るい場所を苦手とするが、死体に憑依する能力があるため、人間の姿となることで日中の活動も可能となる。地球へは宇宙船で飛来し、太陽の出る昼は船内に潜伏していた。この宇宙船は、左右の翼からミサイル弾を発射でき、高い科学力を持つことがうかがえる。

コウモリにも似た姿をしていて、全身は茶色い毛で覆われ、羽は脇下から生えている。両手を伸ばして羽を広げると、マッハ5のスピードで空中を自在に滑空することができる。なお、人間の姿でも飛行可能だ。動きは俊敏だが足は弱いようで、転倒しやすい。

口からは、毒性のある白い煙や、爆発力を持つ赤色の光弾を放つ。また、鋭利な牙を持ち、この牙で血やエネルギーを吸い取る。

知能が高く、弱ったふりをして敵を油断させたり、憑依した女性の生き別れの妹と偽ってふるまったりと、狡猾な行動を見せた。

世界中に残る吸血鬼の伝説には、コウモリとの関連が記述されたものも多い。伝説の元が、この宇宙人だった可能性もあるだろう。

人間体

足形

宇宙船

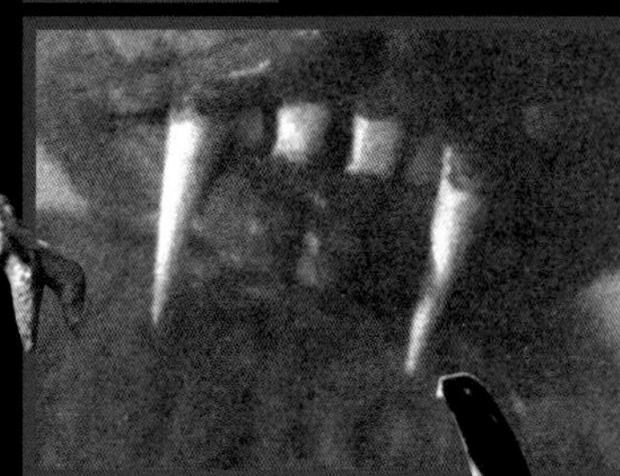

口

尻尾

腹部

耳

頭部には大きな耳を持つ。肩から全身には、茶色の毛が生えている。口の牙と同様、この毛も吸血機能を持ち、象の血を7秒で吸い尽くすとされる。

身長	50メートル
体重	2万4000トン
出身地	カーミラ星
登場回	第36話「夜を蹴ちらせ」

高級別荘地にて、若い女性が血を吸われて殺害されるという事件が15件発生。犯人は娘の姿で、空を飛んで逃げたという。ＭＡＴが調査すると、半年前に鈴村みどりという娘が心臓マヒで死亡、さらに防腐加工を施された遺体が石棺に保存されていたことが判明する。実は、宇宙から来たドラキュラスが、保存されていた彼女の遺体に憑依し、友人たちを襲撃していた。人類滅亡を企んだドラキュラスは「女さえいなければ人類は自ずと滅びる」と考え、若い女性ばかりを狙っていたのだった。

死亡した少女に乗り移り、獲物を狙っていた。瞬時に少女の姿に身を変えることができ、飛行も可能だ。

口から赤い光弾と白い毒煙を吐く。また、テレパシーを使って会話することもできる。

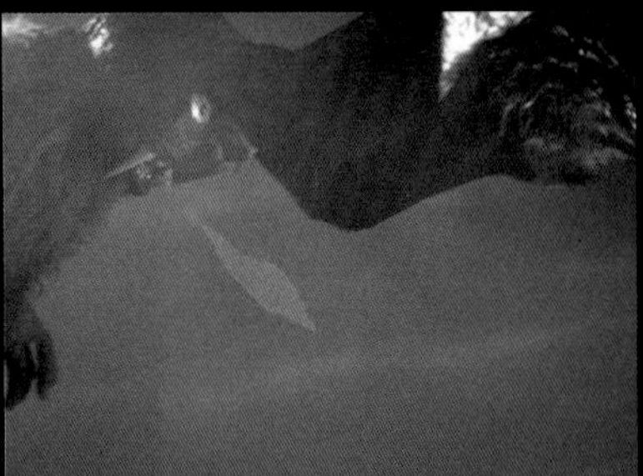

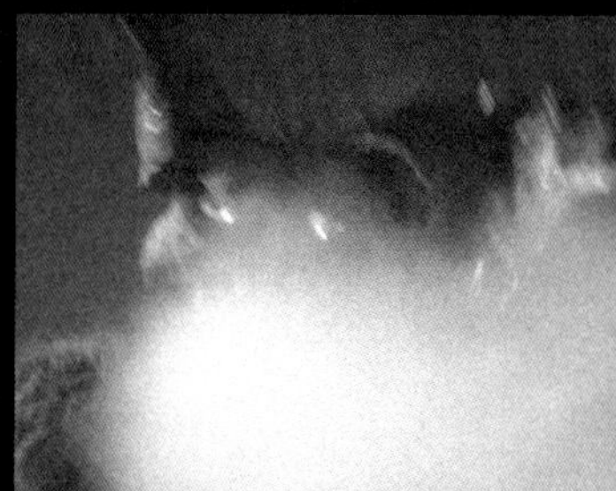

２本の鋭い牙を体に突き刺し、血やエネルギーを吸う。高速で空を滑空する際には電磁波を放つとされる。女性に憑依した状態でも電波を発していた。

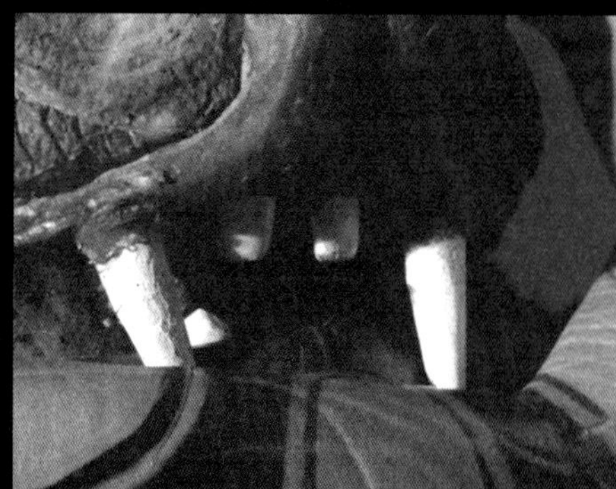

ウルトラマンとの攻防

だまし討ちでエネルギー奪取に成功

ＭＡＴに宇宙船を撃墜され、正体を見せたところでウルトラマンと戦闘に。何度も投げ技を食らって劣勢になると、空中戦に移行。高速で飛行しながらもみ合いとなり、地上に倒れ込む。だが、これは油断を誘う罠で、近づいたウルトラマンに毒の煙を浴びせかけ、さらに肩に牙を突き刺してエネルギーを吸うことに成功。ダウンを奪うが、ここでウルトラマンから「ウルトラブレスレット」で「ウルトラ閃光」を放たれると、形勢は逆転。明るい光にたじろぐ間に、「ウルトラクロス」で胸を貫かれて、最後は黒い灰となった。

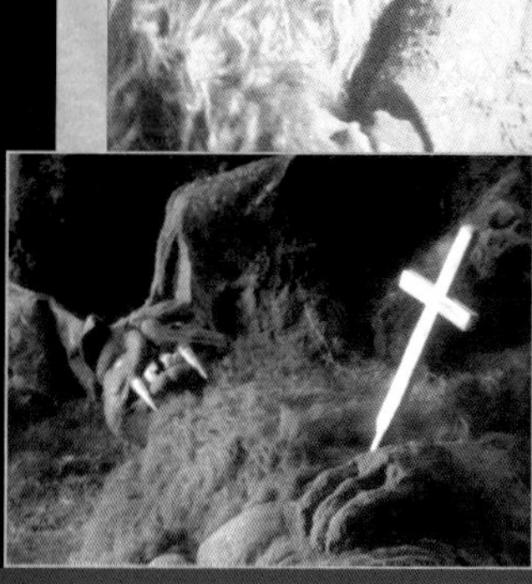

光で視界を奪われ、十字架でトドメを刺された。吸血鬼らしい最後だった。

暗殺宇宙人

ALIEN NACKLE

ナックル星人

化けて暗躍する「残忍な司令官」

地球侵略を企て、その障害となるウルトラマンの暗殺を狙った宇宙人。複数の部下と、用心棒怪獣ブラックキングを引き連れて地球に飛来。変身能力によって宇宙電波研究所の所長になりすまし、部下と共にウルトラマンやＭＡＴの分析を行っていた。

優れた戦闘能力を持ち、動きも俊敏。その怪力は10万トンのタンカーを持ち上げ、一撃でダムを破壊すると言われる。パワーを活かした破壊力のあるパンチやキックで攻撃する他、目から白い破壊光線を放つことが可能。

宇宙電波研究所の所長として、子どもにも優しい人物を装いつつも、その裏では郷隊員の関係者を残酷な方法で殺害するなど、性格は狡猾かつ残忍。知性は非常に高く、ウルトラマンの技を研究するために竜巻怪獣シーゴラスと宇宙大怪獣ベムスターを再生したり、ＭＡＴ隊員を超音波で自在に操ったりと、高い科学力を有しているとも推察される。

周到な作戦によってウルトラマンを処刑寸前まで追い詰めたが、ウルトラ兄弟の登場によって阻止されている。地球上のことだけでなく、宇宙にいるウルトラマンの仲間の存在まで研究しておくべきだった。

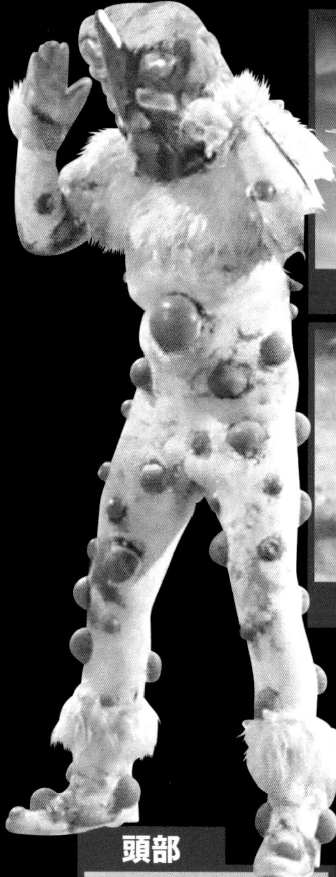

宇宙船

人間態

足形

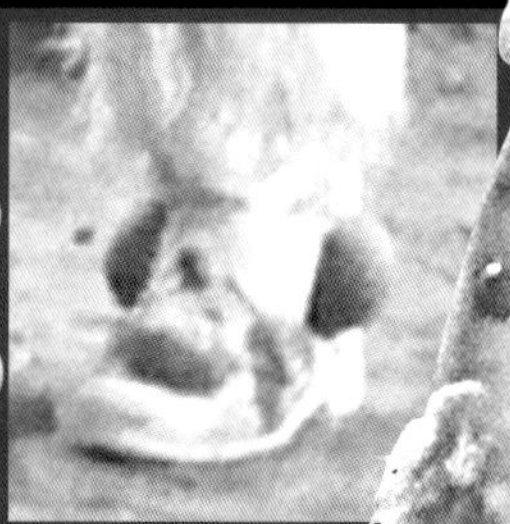

足

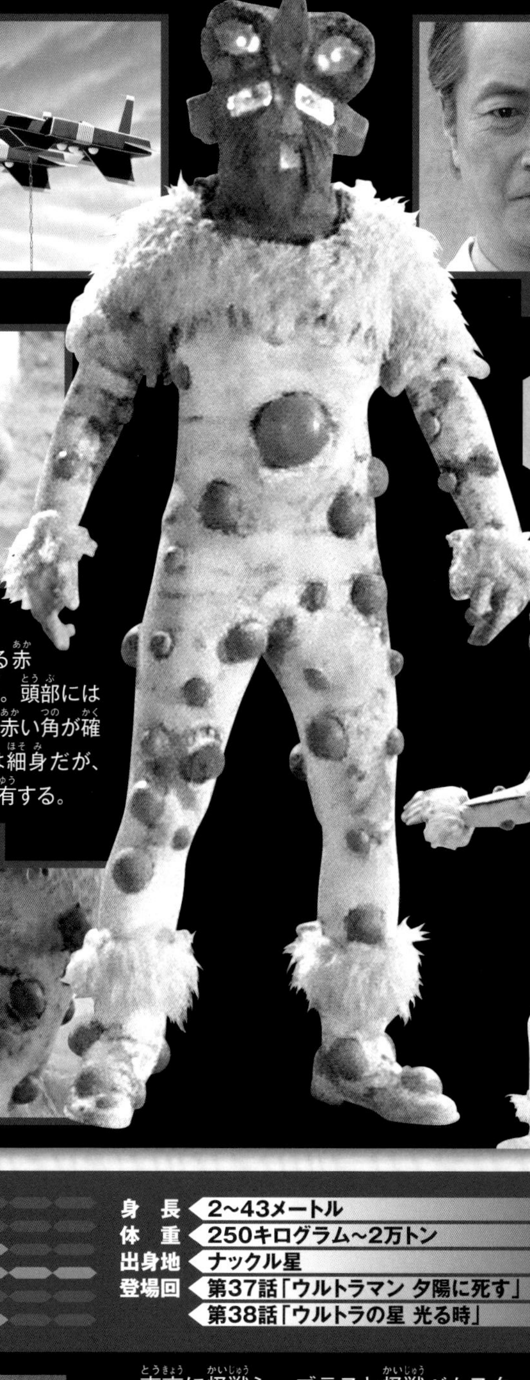

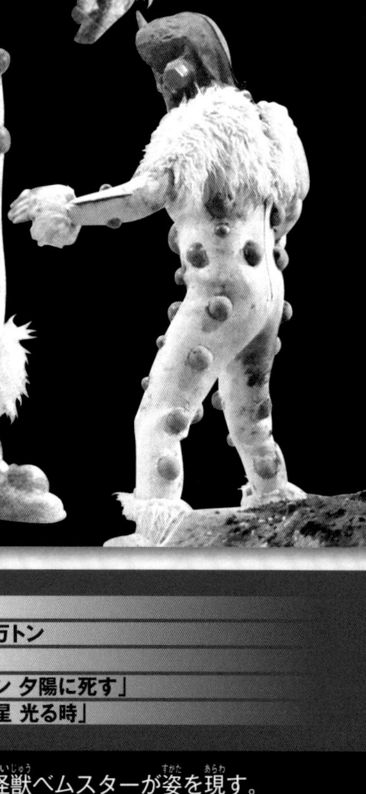

全身に散らばる赤いイボが特徴的。頭部には赤く光る目と、赤い角が確認できる。体は細身だが、凄まじい怪力を有する。

頭部

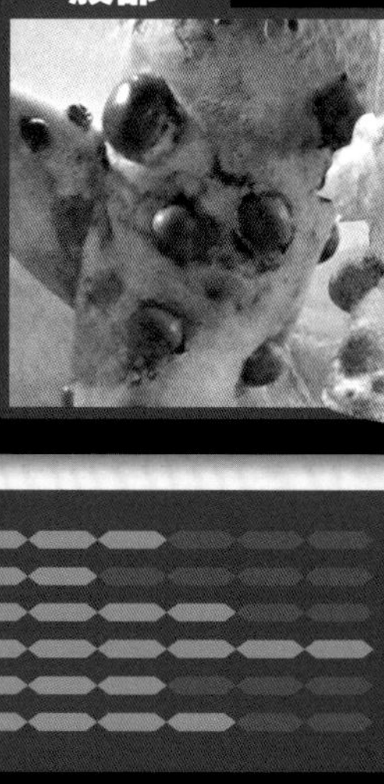

腹部

攻撃力
防御力
特殊能力
知能
パワー
スピード

身長	2～43メートル
体重	250キログラム～2万トン
出身地	ナックル星
登場回	第37話「ウルトラマン 夕陽に死す」 第38話「ウルトラの星 光る時」

東京に怪獣シーゴラスと怪獣ベムスターが姿を現す。それぞれ、ウルトラマンに倒されるが、これは地球侵略を狙うナックル星人の策略だった。ナックル星人は宇宙電波研究所に潜伏し、侵略の邪魔となるウルトラマンの抹殺を企て、研究に研究を重ねていた。そして戦闘能力を分析するため、再生させた怪獣と戦わせたのだ。戦闘で得た情報を手下の怪獣ブラックキングに教え込むと、さらに弱点を研究。ウルトラマンの正体・郷隊員の人間関係に目をつけ、恋人とその兄を惨殺するのだった。

BACKGROUND

宇宙電波研究所の所長を隠れ蓑に、部下とウルトラマン抹殺のため暗躍。人間態から瞬時に元の姿に戻ることができ、体の大きさも自在に変えられる。

戦闘力に優れ、目からは強力な破壊光線を放つ。持ち前のパワーを活かした格闘技を得意とし、ブラックキングとの連携攻撃も見せる。

複数の怪獣を操り、それぞれに分析やおとりなどの役割を与えた。自身は要所でしか姿を見せず、用意周到かつ用心深い性質だとみられる。

ウルトラマンとの攻防

卑劣な計画と圧倒的な戦闘力で対抗

初戦は東京Ａ地区で、すでに戦闘中のブラックキングに加勢する形で参戦。心が乱れたウルトラマンに、一方的にパンチとキックの連打を浴びせると、高々と放り投げて仮死状態に追い込む。

その後、復活したウルトラマンと再戦。またもブラックキングとの挟み撃ちでダメージを与え、ダウン寸前まで追い詰める。しかし、ここからウルトラマンが反撃。個別に攻撃を受け、挟み撃ちを封じられると、一気に劣勢に。先にブラックキングが倒されてしまい、その直後に自身も「ウルトラ投げ」を食らって消滅した。

一時は処刑目前まで追い詰めたが、最後は敗北。結局、全ての企みが失敗に終わった。

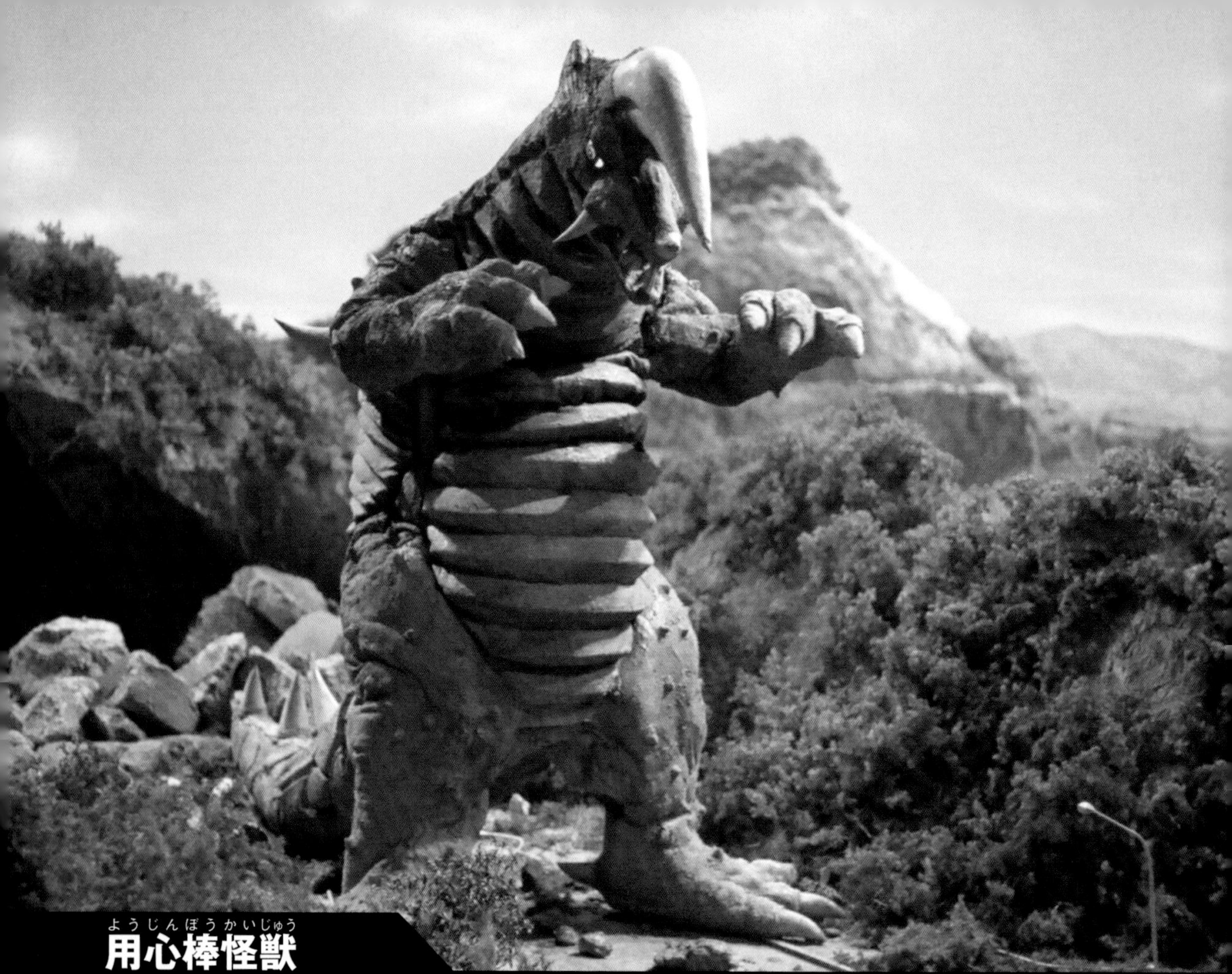

用心棒怪獣

ブラックキング

修練を重ねる「英雄退治の専門家」

ウルトラマン抹殺と地球侵略のため、暗殺宇宙人ナックル星人と共に飛来した宇宙怪獣。頭に生えている巨大な金色の角はとても鋭く、ひと突きで敵の心臓に穴を開けてしまう。さらには、50万トンのタンカーを引っかけて空へ飛ばすほどのパワーも有する。

口からは「溶岩熱線」と呼ばれる赤い熱線を吐き、大きなビルをも簡単に溶かすことが可能。また、敵の視界を遮る白いガスを噴射することもできる。

たくましい腕は、鉄の100倍もの硬度を持つと言われ、30万トンのタンカーを軽々と持ち上げる怪力も秘める。その腕から繰り出すパンチは、50トン戦車10台分の砲撃と同じ破壊力だという。

このように高い戦闘能力を誇る怪獣だが、加えて、ウルトラマンの能力の分析結果を基にした特別な訓練も受けている。「スペシウム光線」や「ウルトラブレスレット」といった必殺技をことごとくはね返しており、対ウルトラマン専用の兵器という見方もできるだろう。

戦闘時にはナックル星人をサポートする動きを見せており、知能の高さもうかがえる。

角

背中

口

前方に伸びた、頭頂部の巨大な一本角がトレードマーク。太い手足はもちろん、皮膚も非常に頑強。背中と尻尾には、鋭いトゲが確認できる。

腹部

足

手

足形

攻撃力
防御力
特殊能力
知能
パワー
スピード

身長	65メートル
体重	6万トン
出身地	ナックル星
登場回	第37話「ウルトラマン 夕陽に死す」
	第38話「ウルトラの星 光る時」

地球侵略の障害となるウルトラマンの動揺を誘うため、愛する人の命を奪ったナックル星人は、怪獣ブラックキングを出現させ、ウルトラマンを誘い出す。そして、技を研究され、心が乱れた状態のウルトラマンを倒すことに成功。宇宙船でナックル星に連れ帰り、地球の人々にウルトラマンの処刑を宣言する。さらに、ＭＡＴの宇宙ステーションＶ１を宇宙船団で破壊した上、強奪した新型火薬・サターンＺを東京で使うことを予告。そして、ＭＡＴに無条件降伏を勧告するのだった。

BACKGROUND

地球では地底に潜伏し、ナックル星人の命令を受けて行動。かつて初代のウルトラマンに倒された、どくろ怪獣レッドキングの兄という説もあるが、詳細は不明。

交差した腕で「スペシウム光線」を完全防御し、「ウルトラブレスレット」は強靭な皮膚ではね返している。

怪力を活かした打撃で敵に強烈なダメージを与える。口からは破壊力のある赤い熱線と、敵を煙に巻く白いガスを吐く。

研究と特訓の成果で圧倒するが……

ウルトラマンとの攻防

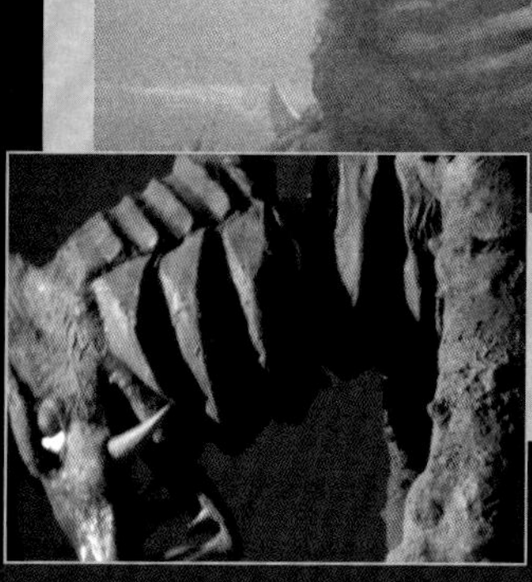

絶妙な連携攻撃で一度は勝利したが、再戦で首を切り落とされてしまった。

初戦は東京A地区で、失意のウルトラマンと対決。「スペシウム光線」や打撃技、さらには最強の武器「ウルトラブレスレット」までも完璧に防御すると、加勢に来たナックル星人と共に挟撃。倒すことに成功する。

その後、ウルトラ兄弟の手で復活したウルトラマンと対峙。2戦目は、最初からナックル星人と連携し、またも一方的に攻め続ける。トドメを刺すべく、2体同時に光線攻撃を放つが、ここからウルトラマンが反撃。最後は空中に投げ飛ばされ、「スライスハンド」を食らって絶命した。

雪男星人

ALIEN VARDUCK

バルダック星人

権現山をうろつく「地球侵略の尖兵」

240年という周期で地球に接近するバルダック星から、地球侵略のために派遣された宇宙人。長い間、長野県・権現山に隠れ住み、侵略のための資料を収集していた。その際、地元の人々にたびたび目撃され、「イエティ」と呼ばれる雪男の伝説が生まれるに至った。なお、バルダック星は極寒の星として知られ、あまりの寒さに物質が透明化しており、電波望遠鏡以外での観測が不可能。

人間大から48メートルまで、体のサイズを変えることが可能。また、人間に憑依したり、催眠状態にして操ったりできる能力を持つ。体温は、近づくだけでガラスを凍りつかせるほど低く、憑依された人間の体温も低下する。その一方、熱や炎には弱い。頭部は、バルダック星の宇宙船団と交信するアンテナの役目を担うとされる。目から放つ黄色の光線は、宇宙船団を誘導するサインとなる。

最大の武器は、くちばしのような口から吐き出す零下234度の冷凍ガスで、瞬時に街を凍らせてしまうほどの威力がある。

権現山のみならず、雪男の目撃例は世界中にある。長い年月、地球に潜んでいたバルダック星人との関連も考えるべきかもしれない。

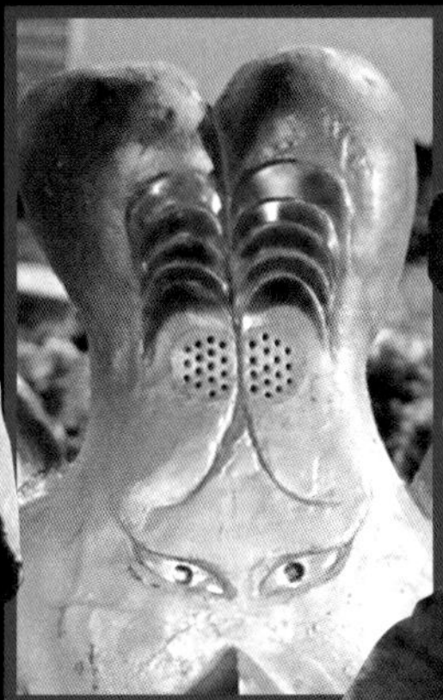

頭頂部

宇宙船団

肩

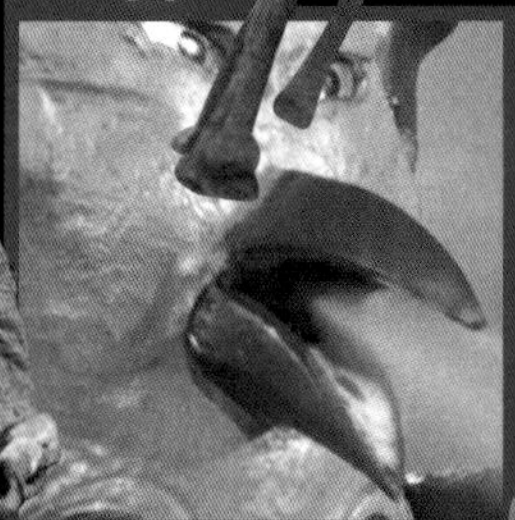

口

足形

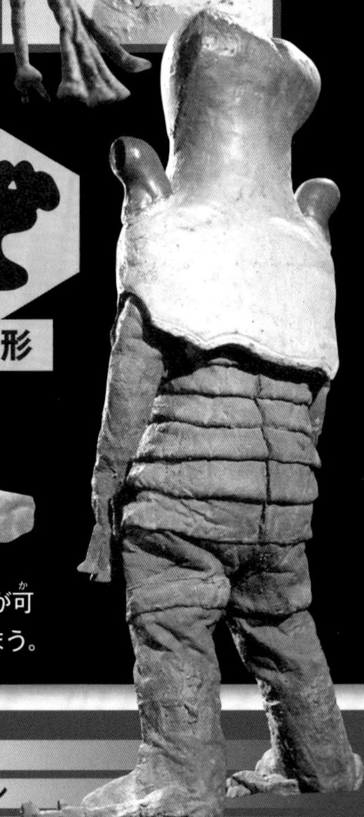

人間体

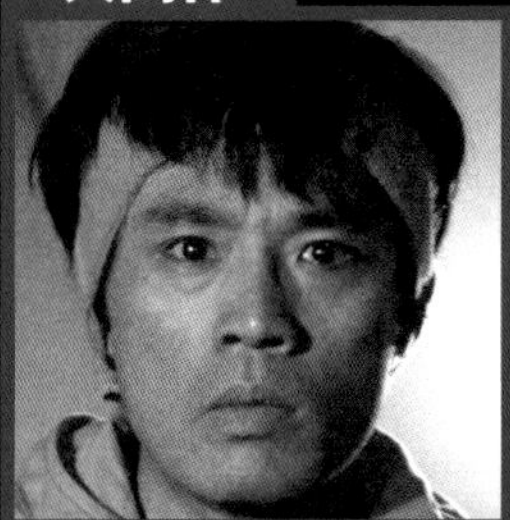

独特な形状の手足を持つ。足は雪上でも素早く移動することが可能。手は指先の吸盤で何でも吸いつけ、体内に取り込んでしまう。

攻撃力	■■■■■■■□□□
防御力	■■■■■■■□□□
特殊能力	■■■■■■■■□□
知能	■■■■■■■■□□
パワー	■■■■■■■□□□
スピード	■■■■■■■□□□

身長	3～48メートル
体重	70キログラム～6万トン
出身地	バルダック星
登場回	第39話「冬の怪奇シリーズ 20世紀の雪男」

　天文台の観測により、気温が絶対零度という極寒のバルダック星が240年ぶりに地球へ接近、東京上空が最接近するポイントだと判明する。前回の接近は江戸時代のことで、冷害による大飢饉を引き起こしていた。実はその際、1体のバルダック星人が地球に降下し、万年雪が降り積もる長野県の権現山に潜伏。侵略の準備として地球についての資料を収集し、母星の再接近を待っていた。そして、今回の接近を前に巨大化し、仲間たちが快適に過ごせるよう、東京の街を凍結させ始めるのだった。

BACKGROUND

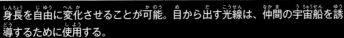

身長を自由に変化させることが可能。目から出す光線は、仲間の宇宙船を誘導するために使用する。

地球侵略のために飛来し、240年間、雪山に潜伏。地元では、12年周期で訪れる寒い冬に、雪男が里に下りてくるといった雪男伝説が生まれていた。

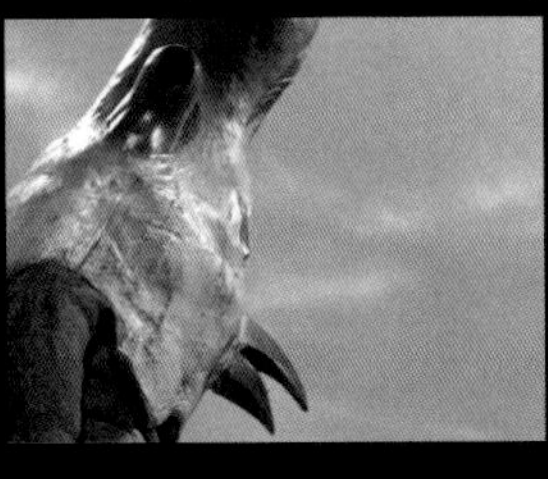

口から吐き出す冷凍ガスは、一瞬であらゆる物を凍らせる。攻撃時だけでなく、自分たちが過ごしやすい、寒い環境を作るためにも使用する。

ウルトラマンとの攻防

冷凍ガスだけの攻撃で勝利目前も……

ウルトラマンに飛びかかられたり、強烈なキックを食らって倒されたりするものの、ことごとく冷凍ガスで反撃。エネルギーを消耗させ、凍結させることに成功する。だが、ウルトラマンのピンチに、MATが援護を開始すると、その攻撃で周囲が炎上。その熱によってウルトラマンが復活してしまう。結果、バルダック星人は「ウルトラブレスレット」の「ウルトラ火輪」を食らい、完全に焼き尽くされてしまった。その後、宇宙船団や母星までもウルトラマンに破壊され、バルダック星人の地球征服の野望は完全に潰えた。

追い詰めたが、苦手な火で燃え尽きた。宇宙船団もバルダック星も、ブレスレットで破壊された。

雪女怪獣

スノーゴン

万物を凍らせる「吹雪の使い手」

地球人を奴隷にしようと企む冷凍怪人ブラック星人によって操られていた宇宙怪獣。地球では人間の若い女性に憑依し、同じく人間に憑依したブラック星人と共に作戦を遂行。時折、雪女のような姿に変身して行動することもあり、主の命を受けると巨大な怪獣の姿へと戻る。なお、怪獣ではあるが、憑依状態では女性の姿で言葉を話している。そのため、ある程度の言語能力を持つと考えられる。

全身は、雪を想起させる白い剛毛で覆われている。また、皮膚からは冷気を発し、半径100キロメートルのあらゆる物を凍結することができるという。

最大の武器となるのは、手や口から発射する冷凍ガスで、敵を瞬時に氷づけにする威力を持つ。雪女の姿でも、口から冷気を噴射して、相手を凍らせることが可能だ。

日本には、古来より雪女の伝説が存在している。吹雪を操り、時には人間を凍死させてしまう妖怪だが、ブラック星人はこの伝説をよく知っていた。あるいは、大昔にも地球に飛来したことがあり、そこで雪女に遭遇。それをモデルに、スノーゴンを雪女化させた可能性も考えられる。

人間体

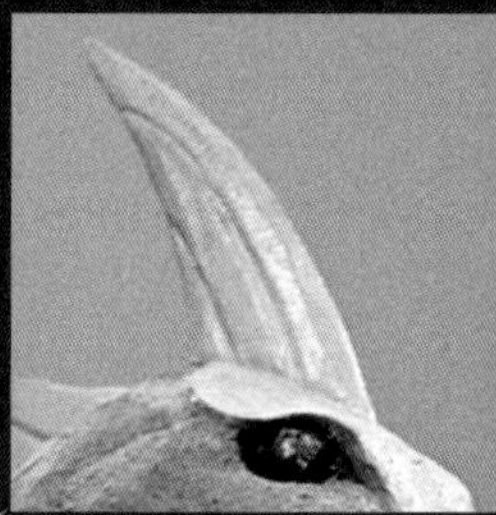

角

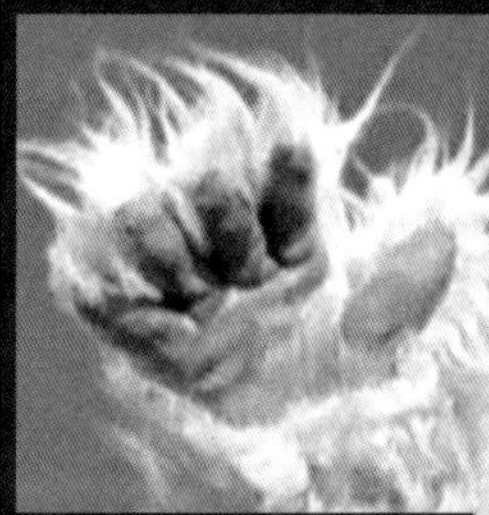

手

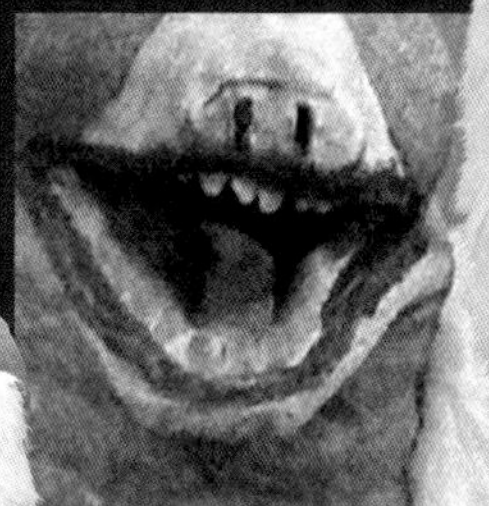

口

足形

皮膚

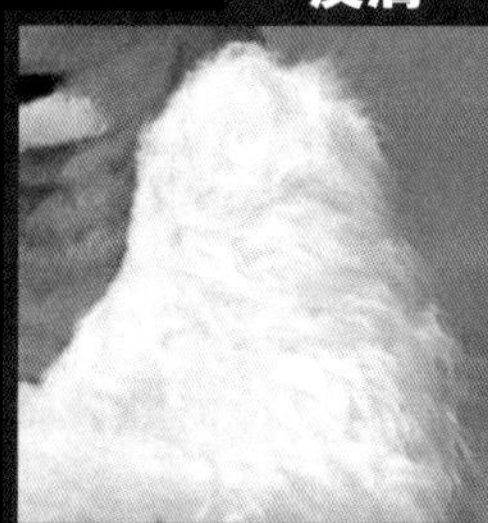

全身が真っ白な毛に包まれ、尻尾は平べったい。頭部の一本角は鋭く、戦闘時の武器となる。青く輝く目は、冷酷な印象を与える。

攻撃力	■■■■■■■■■□
防御力	■■■■■■■□□□
特殊能力	■■■■■■■■■□
知能	■■■■■■■■□□
パワー	■■■■■■■■■□
スピード	■■■■■■■□□□

身長	45メートル
体重	2万3000トン
出身地	ブラック星
登場回	第40話「冬の怪奇シリーズ まぼろしの雪女」

八ヶ岳、軽井沢、万座と、雪山で若いカップルが失踪する事件が発生。さらに遺留品などの状況から、全員が地球から消えたと考えられた。MATが調査すると、事件が発生した日に限り、どの山小屋でも同じ老人と孫娘が管理をしていたことが判明。実は、その正体は宇宙から来たブラック星人と怪獣スノーゴンで、奴隷不足に悩む母星のため、地球から若い男女1000組の誘拐を計画。冷凍保存した男女を宇宙船で輸送した上でたくさんの子どもを生ませ、奴隷にしようとしていたのだ。

BACKGROUND

ブラック星人の指令を受けて行動する。怪力を持ち、何でも破壊してしまう。人間の姿から、巨大な怪獣態に瞬時に戻ることが可能。

ウルトラマンとの攻防

凍ったウルトラマンの体がバラバラに

格闘戦が繰り広げられるが、ウルトラマンの攻撃に押される展開に。すると、両手と口から冷凍ガスを放射。ウルトラマンをカチンコチンに凍らせてしまう。すかさず、馬乗りとなって自慢の怪力で攻撃を加えると、ウルトラマンの体はバラバラとなる。完全勝利かと思われたが、ウルトラマンが「ウルトラブレスレット」の「ウルトラ再生パワー」で復活。逆に凍らされたあげく、最後は「ウルトラリフター」で投げ飛ばされて爆死した。もし、ブレスレットをもバラバラにできていたら、確実に勝利を収めていただろう。

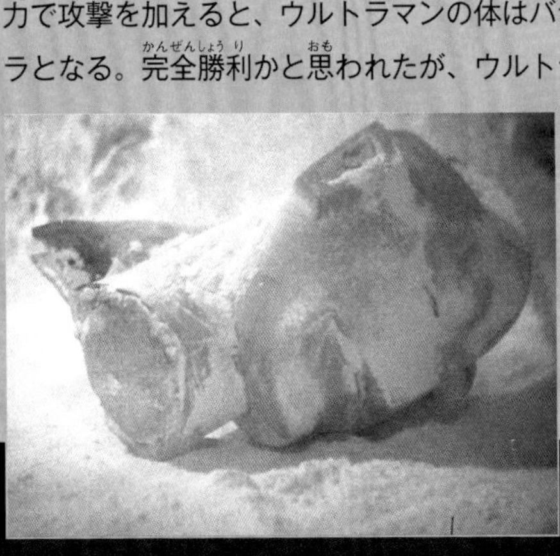

冷凍ガスが「ウルトラディフェンダー」で返され、自分もカチンコチンになった。

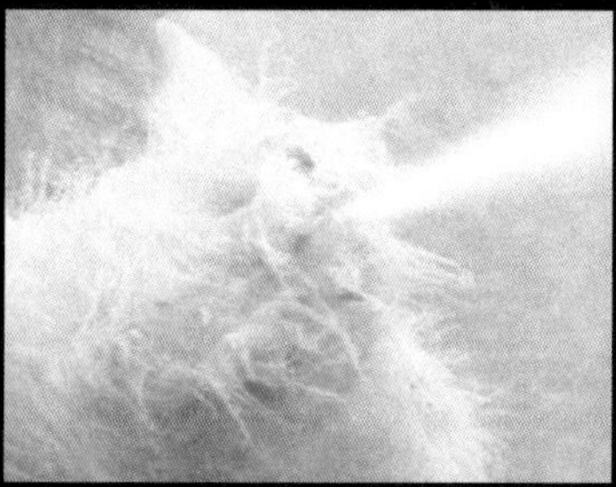

口と両手から冷凍ガスを出す。雪女の姿でも口から吐くことができ、地球人を凍らせた。運搬前に人間を冷凍するのは、スノーゴンの役目だったと考えられる。

冷凍怪人 ブラック星人

足形

アベックを狙う「悪徳誘拐犯」

身長	2.1メートル	出身地	ブラック星
体重	99キログラム	登場回	第40話「冬の怪奇シリーズ まぼろしの雪女」

雪女怪獣スノーゴンを連れ、地球へ飛来した宇宙人。母星の奴隷不足を解消するべく、雪女伝説を利用した地球人の誘拐計画を実行。カップルをさらって凍結させ、ロケットで土星に運んでいた。地球では人間の老人に憑依して行動。「土星から来た」などと発言しているが、土星とブラック星の関係は不明。一説には土星に前線基地があるとも言われる。ウルトラマンの「ハンドビーム」で倒された。

宇宙忍者

ALIEN BALTAN Jr

バルタン星人Jr.

復讐に燃える「邪悪な忘れ形見」

かつて地球への移住を試み、武力行使に出て、初代のウルトラマンによって倒されたバルタン星人の生き残り。

命を落とした父の復讐を果たすため、宇宙より飛来。ロボット怪獣ビルガモを操り、東京全滅とＭＡＴの殲滅、そしてウルトラマン抹殺を目論んだ。

自らは、ビルガモの体内に設けた異空間の基地に潜伏。常に状況を確認しつつ、復讐のための作戦を遂行した。

宇宙忍者と呼ばれるだけあり、300種類以上の超能力を使いこなす。ハサミ状の手からは、あらゆる物体を零下140度にする冷凍弾、20万トンの大型タンカーでも宙に浮かせる反重力ビーム、そして高層ビルを簡単に破壊するミサイル弾を放つことができる。飛行能力も有しており、宇宙空間をマッハ15の速さで移動することが可能。自分の身長を自在に変化させる能力も持っている。

先代のバルタン星人は独特の声を発し、人間の頭脳を操ることで会話していたが、バルタン星人Jr.は日本語を操っている。また、会話の中で野球のたとえも使っており、飛来前に地球の文化を研究していたと考えられる。

顔が初代よりも大きく、ずんぐりした体形に見える。他に発光する丸い目が回転しないという相違点もあるが、知能の高さや巨大なハサミ状の手は、父親譲りと言える。

足形

手

腰

ビルに擬装したロボット怪獣ビルガモを開発。煙のようなガスで、ビルに侵入した人間たちを捕えて監禁した。

攻撃力	■■■■■■□□□□
防御力	■■■■■□□□□□
特殊能力	■■■■■■■■■□
知能	■■■■■■■■□□
パワー	■■■■■■□□□□
スピード	■■■■■■□□□□

身長	ミクロ～45メートル
体重	0～3万トン
出身地	バルタン星
登場回	第41話「バルタン星人Jrの復讐」

捨てゼリフを残して戦わずに逃亡

ウルトラマンとの攻防

ビルガモが倒された後、巨大化して出現すると「必ずお前の命をもらいに来る」と言い残して逃走。空中で「スペシウム光線」を浴びて姿を消した。ただ、死体は確認されておらず、まだ生存している可能性もある。今も新たな復讐計画が進行中かもしれない。

ロボット怪獣

ビルガモ

5体合体「バルタン製の戦闘メカ」

宇宙忍者バルタン星人Jr.によって、地球上で製造された巨大ロボット兵器。建設中のビルに偽装して作られた胴体、ロケット型の両腕、そして頭部と脚部のパーツに分かれており、この5つが合体することで完全体となる。バルタン星人Jr.が企てた「ビルガモ作戦」を完遂すべく、行動した。

目からは強烈な閃光を放ち、頭頂部にあるアンテナからは「バルタニック・ウェーブ」という破壊光線を発射する。さらに、フラッシュ光を出して攻撃することもある。腕は東京タワーを曲げるほどのパワーを有している他、先端からショック弾を放出して敵をしびれさせることも可能。動きは緩慢であるが、時折素早い動作を見せる。腕の先からのジェット噴射によって、浮遊することもできる。体の各部に多彩な能力を備えたスーパーロボットだと言えるだろう。

バルタン星の素材でできた壁が体内に張り巡らされており、この材質はマットシュートによる射撃を一切受けつけないほどの硬度を誇る。しかし、工事の作業員が一部を地球のレンガに戻していたため、その部分をMAT隊員によって破壊されている。

足形

アンテナ

全身は金色で、口の部分は常に点滅している。丸い目やハサミ状の手など、どこか製作者であるバルタン星人をイメージさせるような見た目をしている。

パーツ（頭部）

パーツ（胴体）

パーツ（左腕）

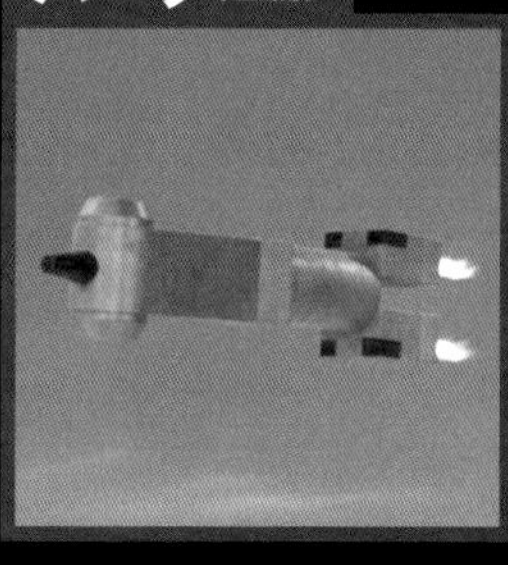

パーツ（脚部）

パーツ（右腕）

- 攻撃力
- 防御力
- 特殊能力
- 知能
- パワー
- スピード

身長	55メートル
体重	6万8000トン
出身地	東京
登場回	第41話「バルタン星人Jrの復讐」

バルタン星人Jr.は初代のウルトラマンに倒された父の復讐を目論み、地球に飛来。東京の全滅、ＭＡＴ基地の破壊、そしてＭＡＴ隊員全員とウルトラマンの抹殺を狙う「ビルガモ作戦」を実行する。まずは建設途中のビルにカモフラージュして、ロボット怪獣ビルガモをひそかに製造。さらに自分の存在をわざと目撃させ、ＭＡＴ隊員を建設現場に誘い出し、ビルガモの中に閉じ込める。ウルトラマンが攻撃できない状況を作った上で、ビルガモの本体を出現させ、東京市街を破壊させるのだった。

５つのパーツが合体することで完成。ビル建設現場に隠されていた胴体を目印に、頭部、両腕、脚部の各パーツがどこからともなく飛来した。

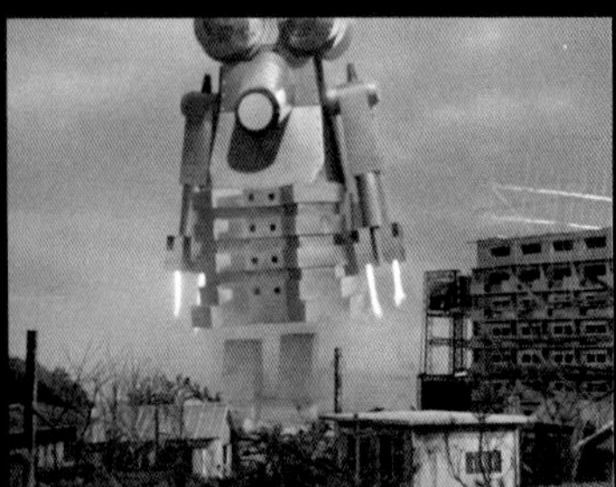

頭のアンテナから発射する破壊光線「バルタニック・ウェーブ」は、街を焼き尽くすほどの威力。他にもフラッシュ光、ショック弾といった攻撃能力を持つ。

ウルトラマンをも圧倒する凄まじいパワーを秘めているが、見た目に似合わず、俊敏な動きも見せる。総合的な攻撃性能が非常に高いと言えるだろう。

ウルトラマンとの攻防

持ち前の高い戦闘力を見せつける

体内に人質を閉じ込めた状況を利用し、破壊光線やショック弾で一方的に痛めつける。だが、レンガの部分に穴を開けられ、人質に脱出されると形勢逆転。投げ飛ばされ、さらに「ウルトラ発光」によってメカを変調させられたあげく、「ウルトラフラッシュ」で口の部分を破壊されてしまう。そして、正常な動きができなくなったところに「ウルトラスパーク三段斬り」が炸裂。最後はバラバラになって爆発した。敗因は人質を逃がしたことであり、レンガに戻された部分を見逃してしまったバルタン星人Jr.のミスが命取りとなったと言える。

頼みの破壊光線もブレスレットの反射能力ではね返され、敗れ去った。

蜃気楼怪獣

パラゴン

富士山に潜む「幻影製造機」

第7銀河系ストラ星に棲息する宇宙怪獣。地球侵略を企むストラ星人と共に飛来し、富士山山頂の笠雲に身を隠していた。

最大の特徴は「幻影術」で、太陽光線や電波、赤外線など、全ての電磁波を自由に変化させる能力を持つ。この能力によって、幻影や虚像を作り出したり、レーザー光線をはね返したり、レーダーの電波を制御したり、瞬間移動したりと、様々な行動が可能に。結果、周囲に激しい混乱を巻き起こす。

巨体ながら四足歩行で俊敏に動き、体勢を崩してもすぐに起き上がる。また、巨体を活かした突進攻撃も得意とする。

黄色く光る頭頂部からは、「金縛り光線」を発射して敵を拘束することができる。体の左右に付いている羽は、羽ばたいて突風を起こすことが可能で、地面の雪を舞い上がらせて敵の視界を奪うといった用途で使われる。ただ、この羽で飛行できるかは不明だ。

パラゴンが危機に陥った際には、主であるストラ星人も苦しみだし、パラゴンが絶命すると、すぐにストラ星人も息絶えた。このことから、両者は何らかの形でリンクしていると推察される。

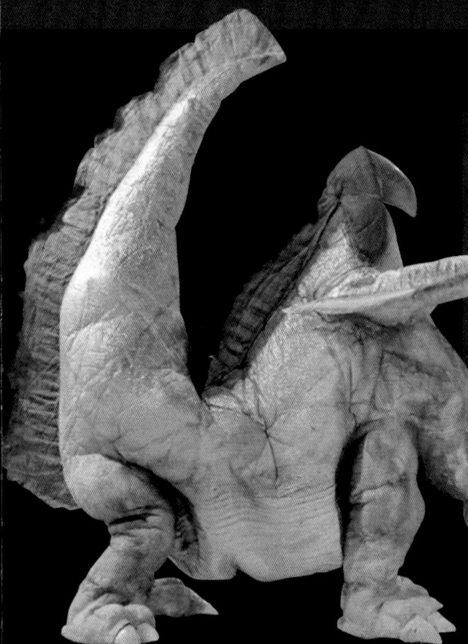

角

尻尾

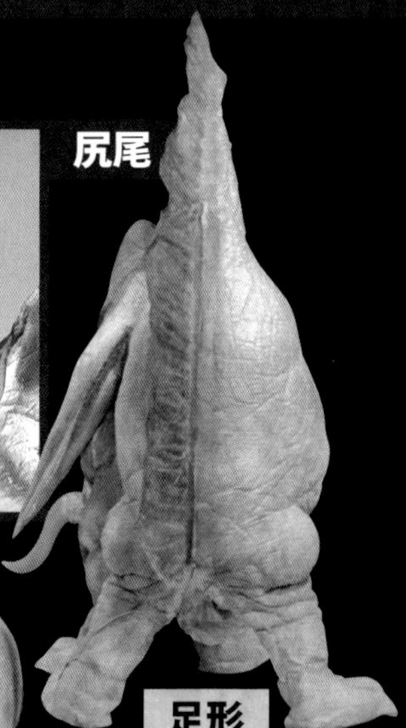

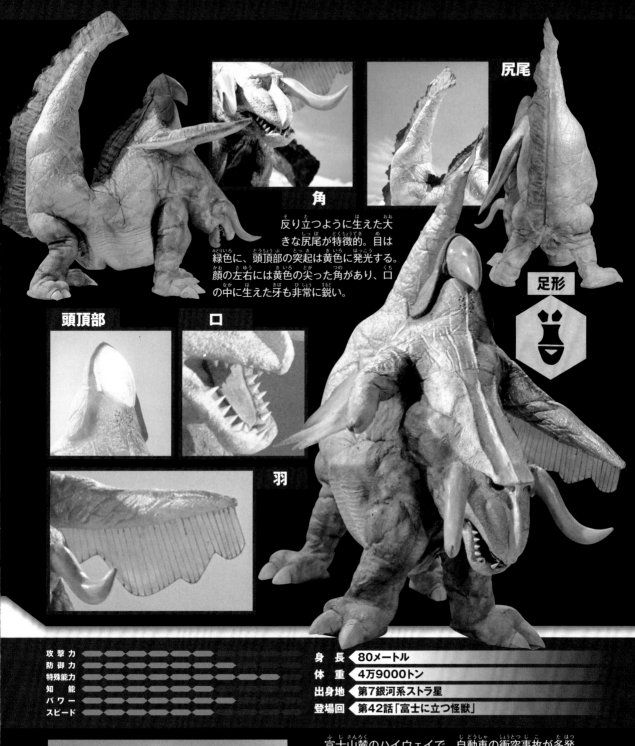

反り立つように生えた大きな尻尾が特徴的。目は緑色に、頭頂部の突起は黄色に発光する。顔の左右には黄色の尖った角があり、口の中に生えた牙も非常に鋭い。

足形

頭頂部

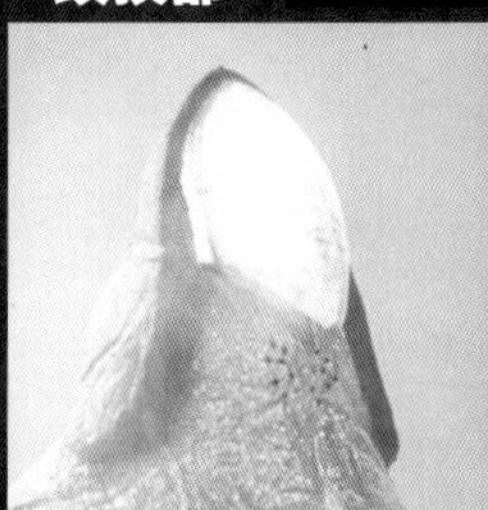

口

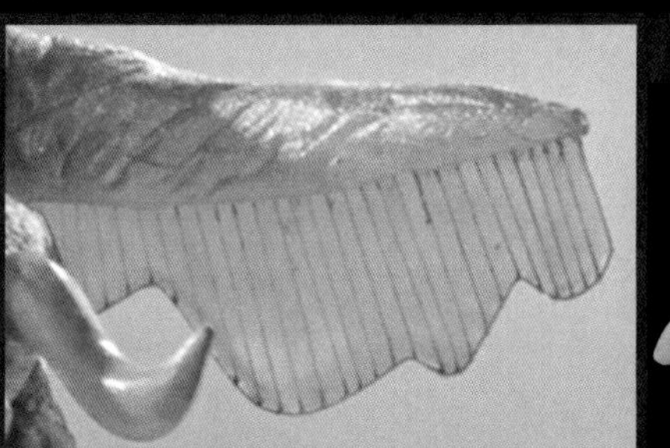

羽

攻撃力
防御力
特殊能力
知能
パワー
スピード

身長	80メートル
体重	4万9000トン
出身地	第7銀河系ストラ星
登場回	第42話「富士に立つ怪獣」

富士山麓のハイウェイで、自動車の衝突事故が多発。どの事故も過失はなく、原因が不明だったため、ＭＡＴが調査を開始する。その結果、事故の日は必ず晴天で、富士山に笠雲がかかっていたことが判明。郷隊員が笠雲を射撃すると、中から怪獣パラゴンが現れる。実はこの怪獣は、地球滅亡を目論むストラ星人によって操られ、太陽光線を屈折させて人々の目に錯覚を起こし、事故を作り出していた。そして、この能力に自信を持つストラ星人は、ＭＡＴに地球の明け渡しを勧告するのだった。

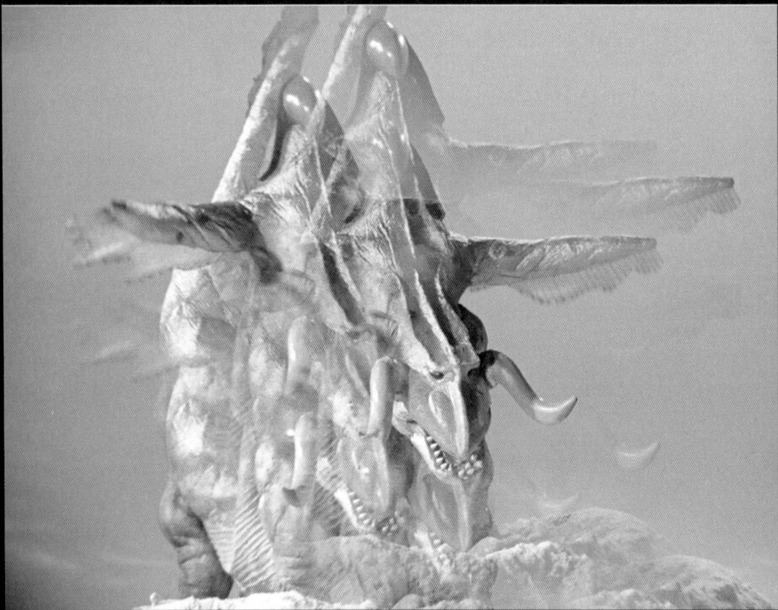

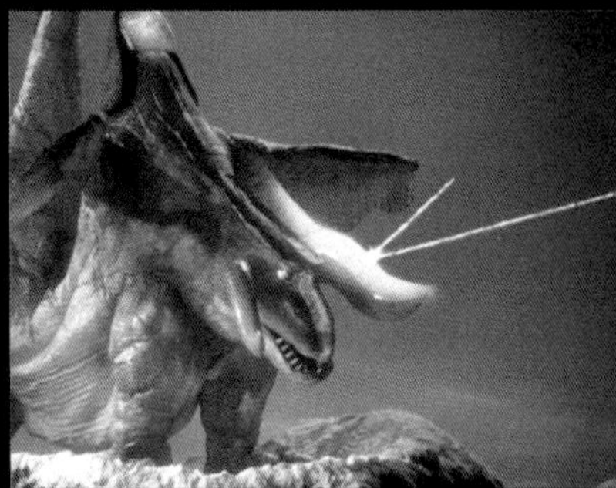

全ての電磁波を自在に操ることで、錯覚を生み出す他、レーザー光線をはね返し、幻影まで作り出す。そのため攻撃はほぼ当たらない。

ウルトラマンとの攻防

ウルトラマンを翻弄するのが精一杯

得意の幻影術で、実体を隠したまま、自分の姿を数十倍にも巨大化した虚像を見せて翻弄するが、ウルトラマンが「ウルトラブレスレット」で「変光ミラー」を作成。太陽光線の屈折を補正され、実体があらわになってしまう。ここからは肉弾戦となり、一進一退の展開に。瞬間移動や金縛り光線で対抗するが、角と両翼を奪われてしまうと意気消沈。最後は「スペシウム光線」で足場を壊され、富士山の火口に転落。マグマで炎上して息絶えた。肉体を使う攻撃手段しか持っていない時点で、姿を隠す能力だけでは限界があったと言える。

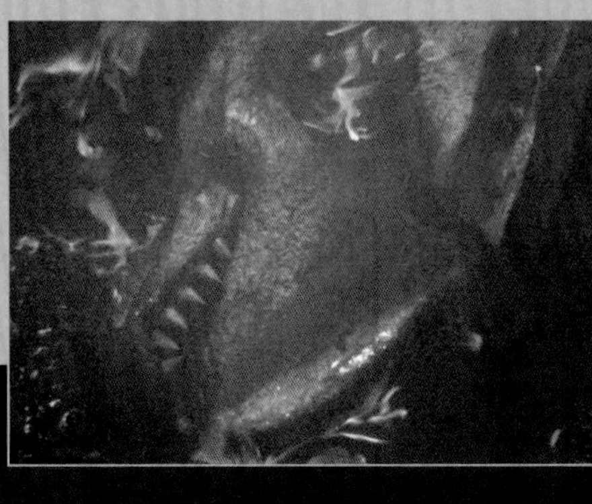

幻影術が破られ、体のパーツも奪われて、なす術なし。最後はマグマに沈んでいった。

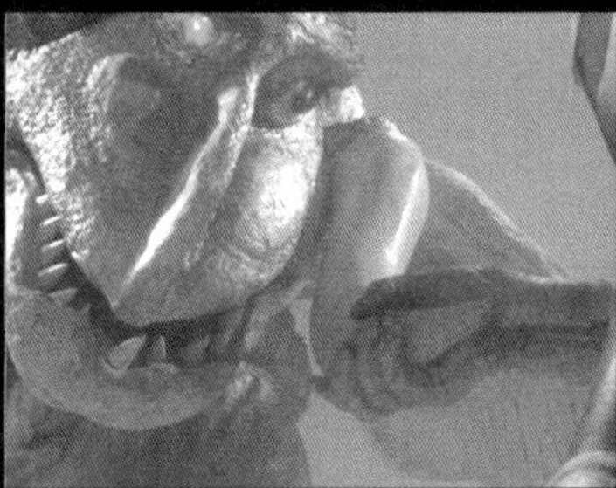

その巨体とパワーを利用して敵を攻撃。角と牙も強力な武器となる。頭頂部からは金縛り光線を放出し、敵の動きを止めることが可能だ。

宇宙怪人 ストラ星人

足形

自信みなぎる「人類滅亡の指導者」

身　長 2メートル

体　重 80キログラム

出身地 第7銀河系ストラ星

登場回 第42話「富士に立つ怪獣」

風光明媚な地球の美しさに惚れ込み、ストラ星の別荘地にしようと画策した宇宙人。蜃気楼怪獣パラゴンを操り、人々を錯覚させて事故を誘発。社会を混乱に陥れることで人類を滅亡させせようとした。ずんぐりした体形で、大きな頭部とハサミのような両手が特徴的。腹部には黄色い発光体がある。パラゴンと同様、光などをねじ曲げる能力を持つが、パラゴンが絶命すると自らも爆死した。

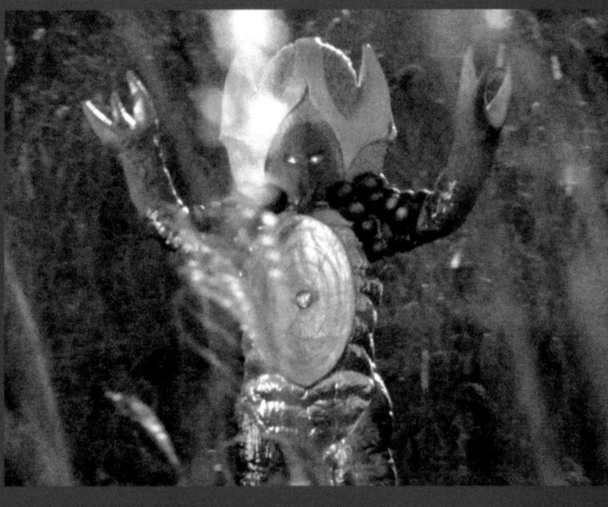

発砲怪人

グロテス星人

頭脳で戦う「卑劣な知能犯」

地球侵略を目論み、MATを壊滅させようとした宇宙人。信州・蓮根神社に祀られた御神体を魔神怪獣コダイゴンに変化させ、手下として自分の思いのままに操った。

地球では、人間に姿を変えて潜伏。MATの伊吹隊長が休暇で帰省するのを確認してから彼の暗殺作戦を実行しており、社会に溶け込みつつ、動くタイミングを見計らっていたと推察される。また、伊吹隊長の暗殺作戦が頓挫した際には、すぐに妻子を誘拐して人質に取り、MATの解散を要求するという、臨機応変さも見せている。

知能が高く、性格はずる賢い。その一方、負けず嫌いな一面もあり、悔しさを抑え切れずに足で飛び跳ねるという、感情的なしぐさを見せることもある。なお、口数は多い。

両手を合わせて光線を発射し、物体のサイズを変化させることが可能。コダイゴンもこの能力によって怪獣化している。他にも瞬間移動したり、自らの体の大きさを自在に変えたりする能力も持ち合わせている。

両手には速射砲が装備され、光弾を撃ち出して攻撃する。だが、戦闘はあまり得意としていないとみられる。

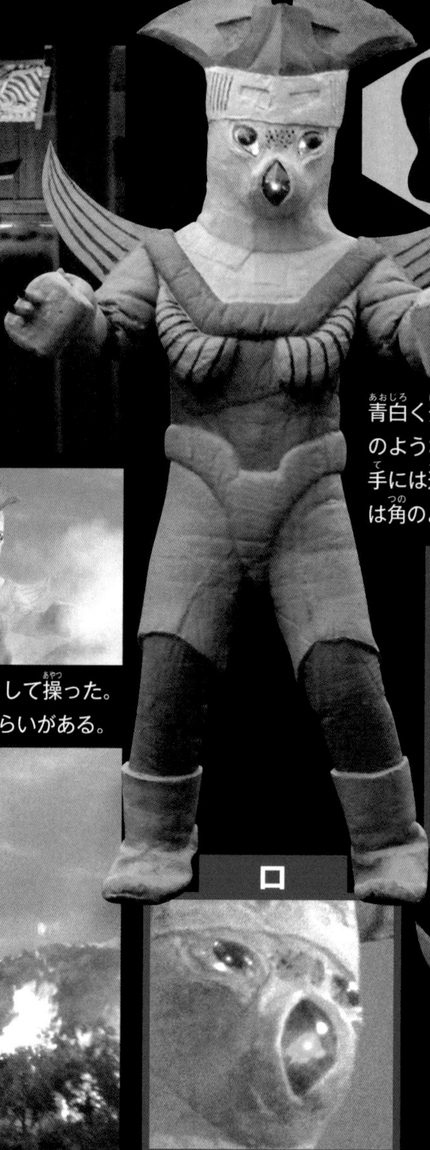

足形

青白く発光する、くちばしのようなひし形の口が特徴。手には速射砲を装備。肩には角のようなものもある。

人間態

様々な特殊能力を持ち、コダイゴンを配下として操った。狡猾な性格で、自ら敵と戦うことを避けるきらいがある。

口

攻撃力	■■■■■■□□□□
防御力	■■■■■■□□□□
特殊能力	■■■■■■■■□□
知能	■■■■■■■■□□
パワー	■■■■■■■□□□
スピード	■■■■■■□□□□

身長	1.6~45メートル
体重	120キログラム~2万トン
出身地	グロテス星
登場回	第43話「魔神 月に咆える」

戦闘は完全にコダイゴン頼み

ウルトラマンとの攻防

誘拐作戦をウルトラマンに邪魔されて巨大化。ただ、戦闘はコダイゴンに任せて、自分はその背後に隠れて見守るのみ。だが、スキを突いて放たれた、ウルトラマンの「ウルトラスパーク」が頭部に直撃。体を縦半分に切り裂かれると、そのまま消滅した。

魔神怪獣

KODAIGON

コダイゴン

操り人形と化した「戦闘神」

信州の蓮根神社に祀られていた「戦いの神」の御神体が怪獣化した姿。地球侵略を企む発砲怪人グロテス星人の特殊能力によって操られ、蓮根湖に出現した。

御神体と同じ、鎧武者のような姿が特徴。その見た目通りに防御力は強固で、体を覆う鎧は、ＭＡＴからの攻撃はもちろん、ウルトラマンの打撃技も一切受けつけなかった。

戦闘時には、手を前方に突き出すことで、5000度の高熱火炎を放射する。この火炎は800メートル先の標的まで炎上させることが可能。恐ろしい怪力の持ち主でもあり、大阪城や黒部ダムを一撃で破壊できるほど。さらに、どこからか巨大な「宝剣」を呼び寄せて、武器とすることもある。なお、この宝剣は、コダイゴンの手から離れると瞬く間に消滅したことから、何かしらのエネルギーが剣に変化した状態であったとも推察される。

最初に出現した際、湖で暴れて地元の人々を混乱に陥れたが、グロテス星人がＭＡＴ伊吹隊長の妻子を誘拐すると、すぐに湖の中に姿を消している。このことから、コダイゴン自体は何の意思も持たず、全てグロテス星人の指示によって行動していたと考えられる。

御神体

顔

足

足形

手

鎧

元は神社の御神体だったが、グロテス星人の能力でいったん10センチメートルに小型化。持ち出された後に巨大化し、怪獣となっている。

攻撃力	■■■■■■■□□□
防御力	■■■■■■■■■■
特殊能力	■■■■■■■■□□
知能	■■■■■□□□□□
パワー	■■■■■■■■□□
スピード	■■■■■□□□□□

身長	50メートル
体重	3万8000トン
出身地	信州・蓮根湖
登場回	第43話「魔神 月に咆える」

BACKGROUND

村の神事「神渡り」のため、湖に人々が集まる中、湖の中から怪獣コダイゴンが出現し、暴れ回る。これは、地球侵略を狙うグロテス星人が、ＭＡＴ壊滅のために仕掛けたものだった。グロテス星人はまず、帰省中の伊吹隊長を暗殺しようとしたが、隊長が本部と連絡を取っていたため断念。すると、今度は神社の御神体を怪獣化させ、村を混乱に陥れる。そして、そのスキに隊長の妻子を誘拐。二人の命と村の安全を盾に、24時間以内での、ＭＡＴの解散と基地の破壊を要求するのだった。

神社に祀られた御神体の姿のまま、怪獣となった。武将のように身にまとう鎧は非常に頑強で、パンチをしたウルトラマンが痛がったほど。手足も太く非常に頑丈だ。

最大の武器は、両手から放つ高熱の火炎。直線状に放出され、かなり遠くの建物まで瞬時に焼き払ってしまう。

そのパワーはウルトラマンにも匹敵する。どこからともなく飛んでくる宝剣を手に、敵に斬りかかることも。ただ、攻撃力が高い一方、動きは鈍い。

ウルトラマンとの攻防

ウルトラマン相手に一方的に攻撃

神社から逃げてきたグロテス星人と共に、ウルトラマンと戦闘に。グロテス星人を守るように立ち、打撃をことごとくはね返すと、火炎や宝剣で攻めに転じる。持ち前のパワーで圧倒するものの、先にグロテス星人が倒されてしまうと、後を追うかのように頭部が爆発。そして、小さな御神体の姿へと戻った。「戦いの神」にふさわしい、高い戦闘力を見せ、ウルトラマンを追い詰めたのは事実。もし、戦いを見守るだけだったグロテス星人が、自らも積極的に戦闘に参加していれば、勝利できた可能性もあったはずだ。

強さを発揮したが、最後は元の姿に戻り、MAT隊員の手によって、神社へと返された。

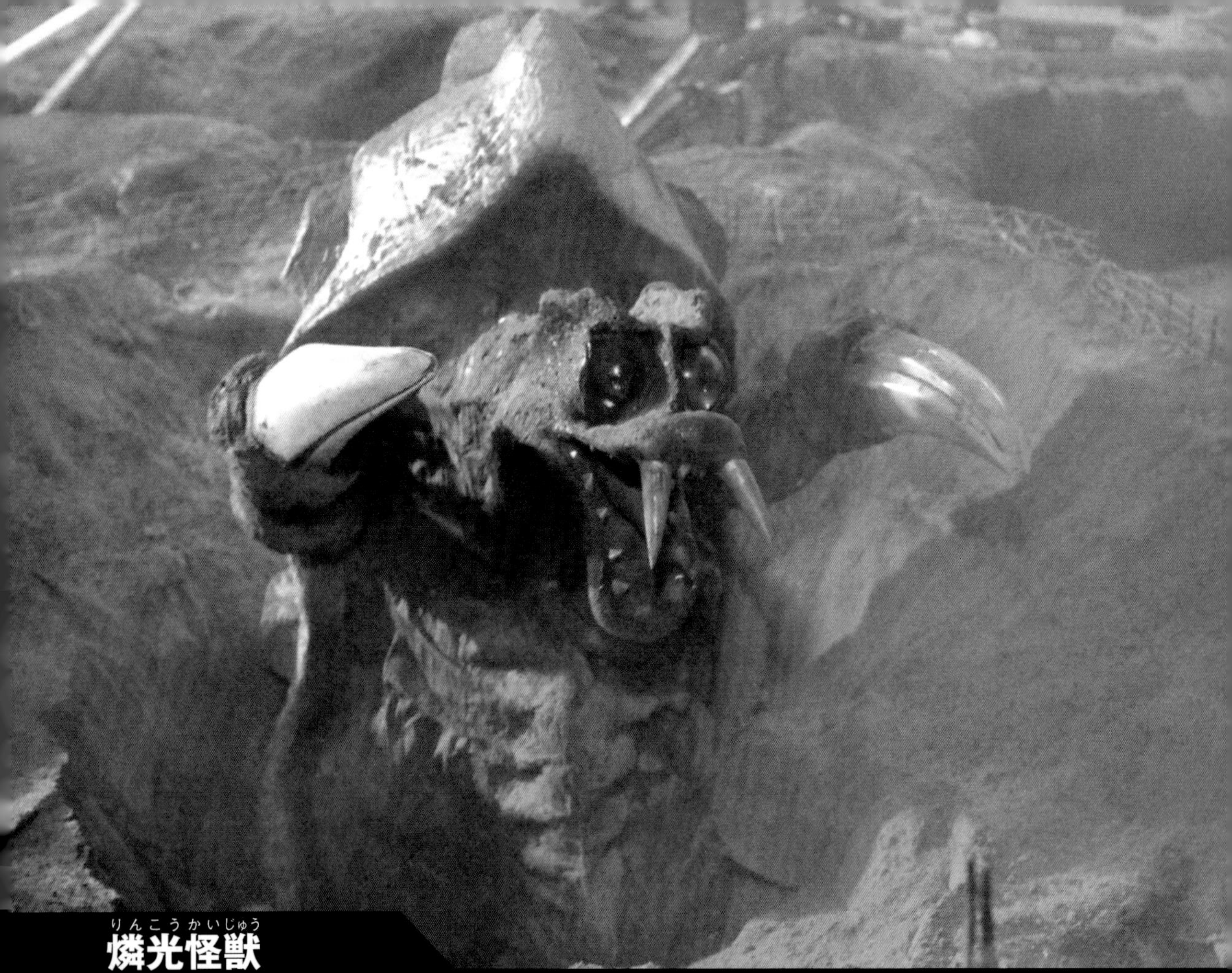

燐光怪獣

グラナダス

青き炎を放つ「甲羅の工作員」

ＭＡＴが開発中である「超遠距離レーダー」を破壊するため、宇宙牛人ケンタウルス星人に連れられて飛来した宇宙怪獣。

背中の大きな甲羅が特徴で、1000メートル上空から１万トンの鉄塊を落とされてもビクともしないほどの頑丈さを持つ。

青く輝く目からは「烈火燐光弾」を放って敵を攻撃する。火の玉のような燐光を出して周囲を炎上させることもあり、これは烈火燐光弾の形状を変化させた攻撃だと推察される。

口からは強力な火炎弾を発射する。連続発射が可能で、一撃でビルを破壊してしまう威力がある。また、長い舌を伸ばして、敵を巻き取ることもできる。

手足には鋭い一本ヅメが生えており、武器として使用する。さらに手のツメはドリルの機能を持ち、地底を時速80キロメートルで掘り進むことが可能。これにより、地中と地上を自在に行き来する。

もともとレーダー破壊用の兵器として飛来したと思われるが、主であるケンタウルス星人が裏切ったとわかると、自らの判断で彼女を抹殺しようとした。両者は、主人と従者という単純な関係性ではなかったと考えられる。

尻尾

甲羅

手

足形

足

目は青く光り、口には大きな２本の牙がある。巨大なツメのある手足に加え、長くしなやかな尻尾も強力な武器となる。尻尾を地面に叩きつけ、反動で強力な打撃を与える。

攻撃力
防御力
特殊能力
知能
パワー
スピード

身長	47メートル
体重	2万5000トン
出身地	ケンタウルス星
登場回	第44話「星空に愛をこめて」

ＭＡＴのレーダー基地付近で、青い火の玉に自動車が襲われる事件が発生。自動車は炎上するが、乗っていた女性は救助される。実はこの女性は、人間に姿を変えたケンタウルス星人で、建設中の「超遠距離レーダー」を破壊するという指令を受け、怪獣グラナダスと飛来。破壊後には、母星から侵略部隊が来ることになっていた。だが、破壊前に彼女が地球を愛するようになったため、怪獣に裏切り者と見なされ、命を狙われるように。さらにグラナダスは、単独でレーダー破壊に動くのだった。

BACKGROUND

MATのレーダー基地付近の地底から出現。手のツメを使い、地中を掘り進むことが可能で、地球飛来後は地下に潜伏していたと考えられる。

目からは光線状の烈火燐光弾を出し、周囲を青い炎で焼き払う。口から吐き出す火炎弾も強力で、連続発射が可能。

レーダー破壊を使命とするだけあり、戦闘能力は高い。背中の甲羅が身を守るが、ＭＡＴの砲撃によって、左目を失っている。

ウルトラマンとの攻防

ウルトラマンを炎上させる大健闘

レーダー基地を目前にして、ウルトラマンと戦闘に。序盤は、一方的に攻撃を受ける展開が続くが、馬乗り状態のウルトラマンを尻尾で弾き飛ばすと反撃開始。火炎弾と烈火燐光弾で追い詰める。

だが、ここで人間態から姿を戻したケンタウルス星人が巨大化して出現。最後は、ケンタウルス星人の体内に埋め込まれていた爆弾によって、共に大爆発した。戦闘前に左目を失いながらも、善戦を見せていた。ケンタウルス星人の乱入がなければ、勝てるだけのポテンシャルは持っていたと言えるだろう。

青い炎で炎上させることに成功するも、仲間同士の戦いで敗れた。

宇宙牛人

ケンタウルス星人

ALIEN CENTAURUS

地球を愛した「悲劇の諜報員」

ＭＡＴが建設している最新型のレーダーを破壊するため、地球に飛来した宇宙人。

ＭＡＴの岸田隊員が開発した「超遠距離レーダー」は、従来のものより３倍も遠くにある物体をキャッチするとされ、ケンタウルス星で進められている地球侵略計画の障害になると判断。そこで、レーダーを完成前に破壊するという指令を受け、燐光怪獣グラナダスを従えて、地球にやってきた。任務遂行のため、胴体には、レーダーを破壊できるほど強力な爆弾が埋め込まれている。

変身能力を持ち、地球では「広田あかね」という女性の姿で活動。破壊のタイミングをうかがう中で、人間の優しい心にひかれ、地球を愛するようになる。そして、もうケンタウルス星には戻らず、どこか誰も知らない場所で暮らすと決心したが、その結果、仲間であるグラナダスに裏切者とみなされ、命を狙われる立場となった。

頭と手足に生えている赤い毛がトレードマーク。この毛で強力な静電気を発生させ、電気ショックを放つことが可能。テレパシーのような形で母星からの指令を受けるが、その際には頭が痛むようなしぐさを見せている。

人間態

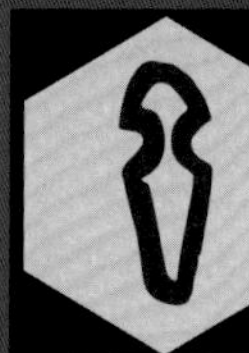

足形

武器や光線などの能力はないが、グラナダスにも負けないパワーを持っている。フットワークは軽く、俊敏に動く。

人間態から瞬時に元の姿に戻る。MATの岸田隊員には恋愛感情を抱いていたようだ。

目

尻尾

攻撃力	■■■■■■■□□□
防御力	■■■■■■■□□□
特殊能力	■■■■■■■□□□
知能	■■■■■■■■■□
パワー	■■■■■■□□□□
スピード	■■■■■■□□□□

身長	1.5〜50メートル
体重	40キログラム〜1万トン
出身地	ケンタウルス星
登場回	第44話「星空に愛をこめて」

地球を守るため壮絶な覚悟で自爆

ウルトラマンとの攻防

ケンタウルス星人はウルトラマンと戦闘していない。グラナダスのレーダー破壊を阻止すべく、元の姿に戻り、巨大化。グラナダスに駆け寄って組み合い、そのまま崖下に転落すると、体内の爆弾を作動させ、グラナダスを道連れに爆死した。

電磁波怪人

メシエ星雲人

刺客を放つ「最凶最悪の指揮官」

地球侵略を目的とし、計画の障害となるウルトラマンの暗殺を企てた宇宙人。超兵器の開発によって居住できなくなった母星の代わりとして、地球に狙いを定めた。

身長を自在に変えることが可能。性格は狡猾かつ卑劣で、知能が高い。さらに、非常に高い科学力を持っており、万年筆に似せた時限爆弾や、光線を発射する指輪を製造した他、鼠怪獣ロボネズを開発し、ウルトラマンと戦わせて後遺症を残すことに成功している。

中でも特筆すべきは電磁ベルトで、装着した者に指令を送信し、意のままに操ることが可能。これにより、自らは直接手を下すことなく、暗殺計画を推し進めた。ちなみに、装着者がベルトを外すと正気に戻るが、装着中の記憶は全てなくしている。

頭脳のみならず、個体としての戦闘力も高く、パンチやキック、体当たりなどの格闘技も身に付けている。額の結晶体からは、電磁波光線を発射して攻撃することが可能。人間大の時には相手を緑色の炎で包み込む一方、巨大化後には白色の光線でマットアローを撃墜したのに加え、ウルトラマンをマヒさせている。

手

足形

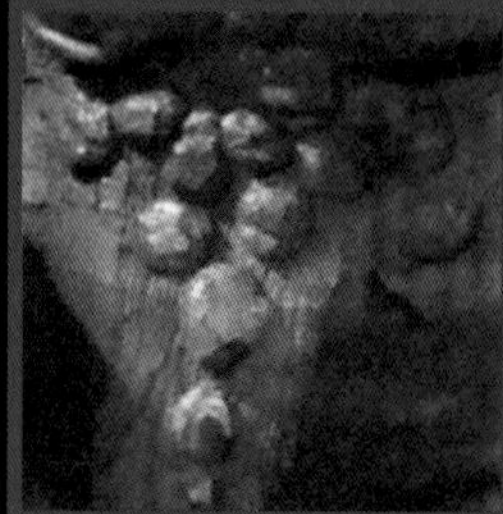

腹部

足

背中

頭部

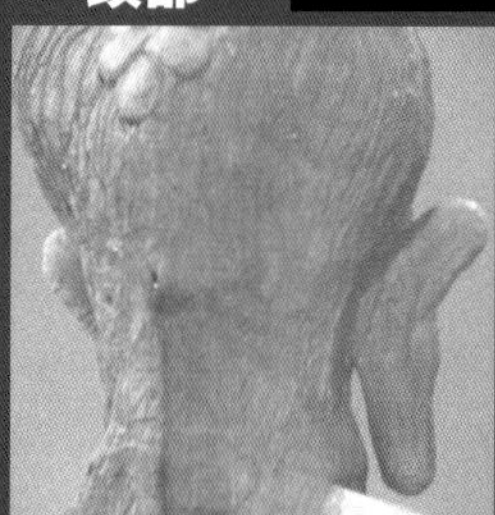

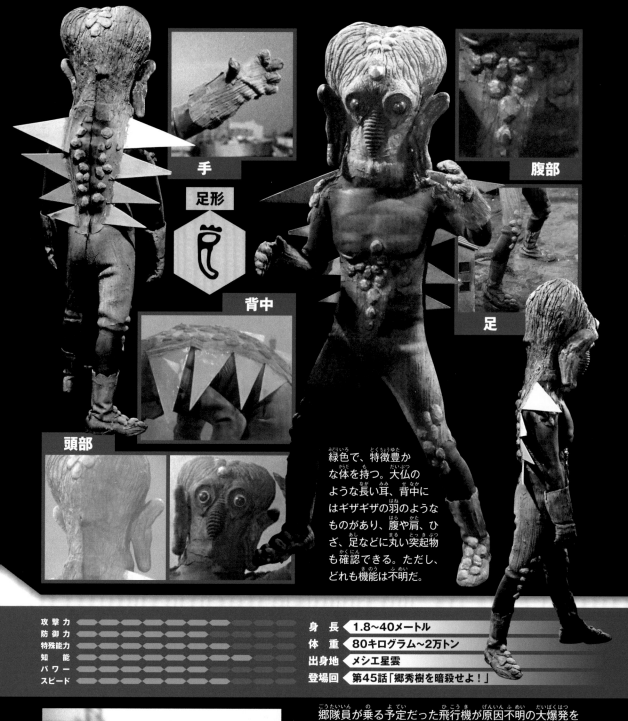

緑色で、特徴豊かな体を持つ。大仏のような長い耳、背中にはギザギザの羽のようなものがあり、腹や肩、ひざ、足などに丸い突起物も確認できる。ただし、どれも機能は不明だ。

攻撃力
防御力
特殊能力
知能
パワー
スピード

身長	1.8~40メートル
体重	80キログラム~2万トン
出身地	メシエ星雲
登場回	第45話「郷秀樹を暗殺せよ！」

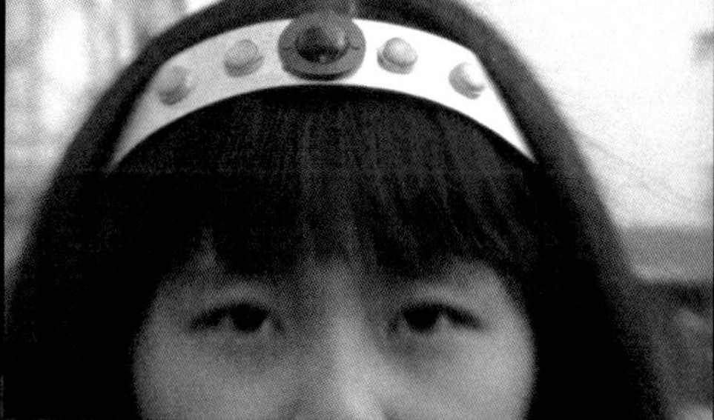

郷隊員が乗る予定だった飛行機が原因不明の大爆発を起こす。そして後日、今度は郷隊員が同居する坂田少年の持つ万年筆が爆発する事件も発生。この2つの事件は、どちらもエリカという少女が起こしていたことが発覚する。実は事件の黒幕は、地球侵略を狙うメシエ星雲人で、その障害となるウルトラマンの抹殺を画策。まず、怪獣ロボネズをウルトラマンと戦わせてダメージを負わせた後、電磁ベルトによってエリカを操り、ウルトラマンの正体である郷隊員の命を奪おうとしたのだった。

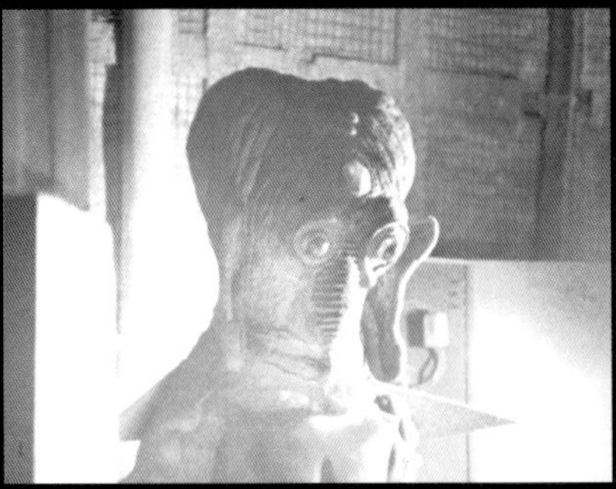

地球飛来後は、晴海の第三倉庫に潜伏。人間大から、赤い煙をまといながら巨大化する。太陽光をエネルギーにしているとの説もある。

ウルトラマンとの攻防

持ち前のズルさも戦闘では活かせず

巨大化した姿で、ウルトラマンと格闘戦に突入。押される展開となるが、電磁波光線でマヒさせると、すかさずロボネズとの戦闘で負傷したウルトラマンの左腕を執拗に攻撃して苦しめる。しかし「ウルトラ眼光」を食うと勢いはストップ。続けざまに放たれた「ウルトラブレスレット」によって、赤い煙と共に消滅させられた。狡猾かつ用意周到なメシエ星雲人だが、ウルトラマンの技に対抗策はなかった。暗殺計画を過信していたのかもしれないが、失敗して直接対決となった際の次善の策まで講じておくべきだった。

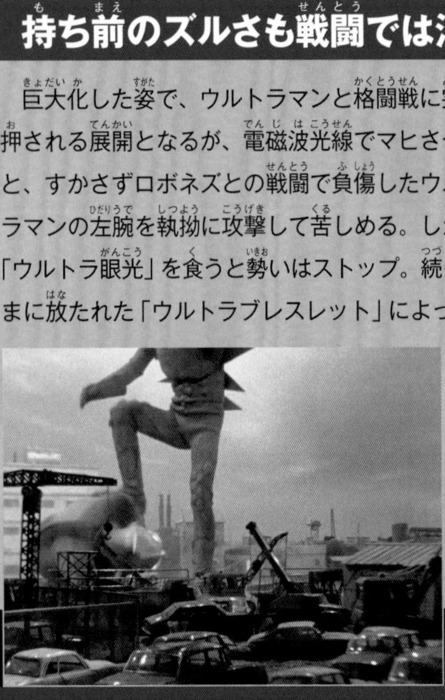

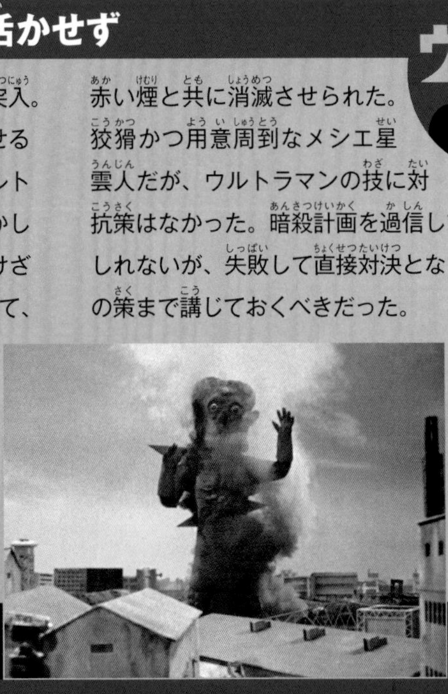

負傷した箇所を集中攻撃するが、ウルトラマンの必殺技には歯が立たなかった。

知能だけでなく、身体能力も高く、格闘戦を得意とする。額にある結晶体からは電磁波光線を放つ。敵をマヒさせる他、戦闘機を撃墜する威力もある。

ALIEN CYGNUS 61 ERIKA

白鳥座61番星人 エリカ

足形

父と星を奪われた「悲しみの少女」

身長	1.52メートル
体重	42キログラム
出身地	白鳥座61番星
登場回	第45話「郷秀樹を暗殺せよ！」

善良な宇宙人の少女。母星がメシエ星雲人の襲撃に遭い、父が殺害された上、自分は電磁ベルトの力で配下に。白鳥エリカという小学生になりすまし、ウルトラマン暗殺の作戦を実行した。右手の指輪から光線を出して攻撃する。ベルトが外れると正気に戻り、メシエ星雲人が倒された後は姿を消した。ただ、坂田少年に別れの手紙を送っていることから、地球で暮らしている可能性も考えられる。

鼠怪獣

ロボネズ

敵を噛む「機械仕掛けの窮鼠」

電磁波怪人メシエ星雲人が、地球侵略作戦の一環として用意した、ネズミ型のロボット怪獣。石油コンビナートで暴れ回り、ウルトラマンを誘い出した。

動きは俊敏で、普段は四足歩行で移動するが、後ろ足で立ち上がることもある。体は金属製のフレームで構成され、背ビレのような突起の付いた装甲で覆われている。ネズミのような長い尻尾を持ち、敵に巻きつけて転ばせたり、電流を流したりと、攻撃時に大きな武器となる。さらに、口からは高火力の炎を吐き、その威力は工業地帯を一瞬で火の海とするほど。巨大な牙にはネズミが持つものと同様のウイルスが仕込まれており、噛みついた相手を「鼠咬症」に感染させる。この病にかかった者は、発疹、悪寒、頭痛といった症状を引き起こすという。

攻守に優れ、MATの砲撃にはビクともせず、ウルトラマンをも持ち前の攻撃力で追い詰めた。最終的に骨格だけとなり、ウルトラマンに敗れたが、腕を噛んで鼠咬症を発症させることに成功。メシエ星雲人の作戦における役割をしっかり果たしたという点では、侵略兵器として勝利を収めたとも言えるだろう。

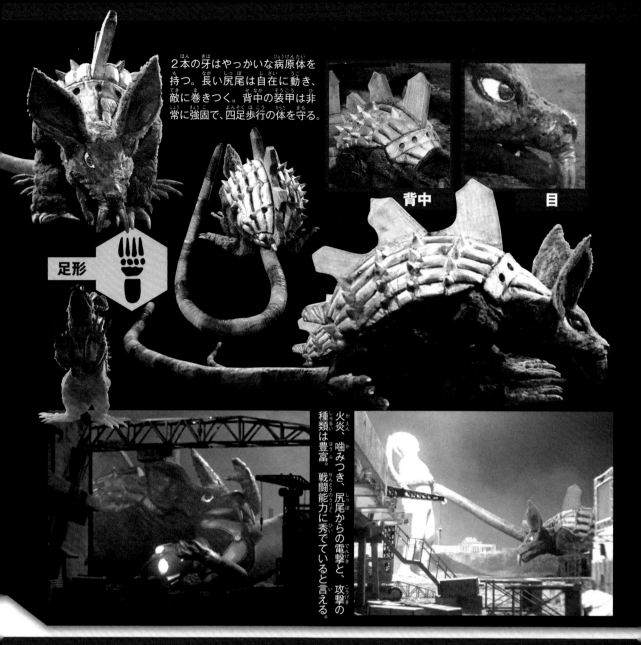

２本の牙はやっかいな病原体を持つ。長い尻尾は自在に動き、敵に巻きつく。背中の装甲は非常に強固で、四足歩行の体を守る。

背中

目

足形

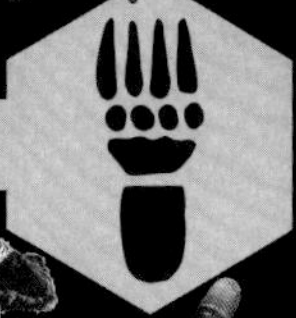

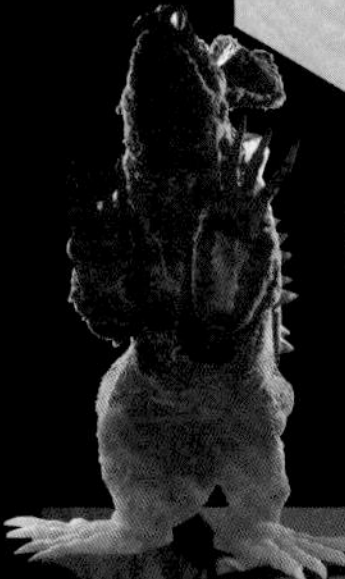

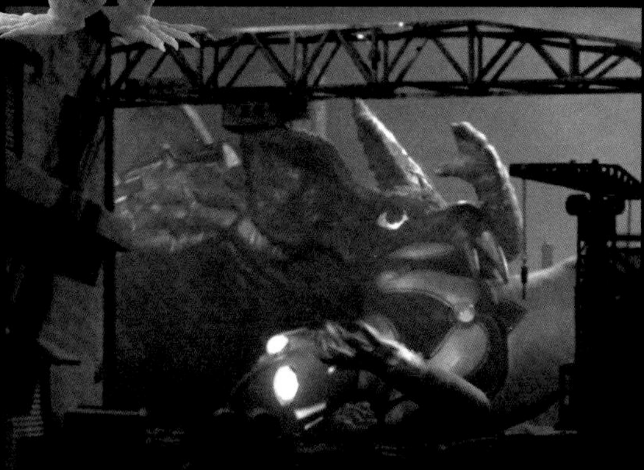

火炎、噛みつき、尻尾からの電撃と、攻撃の種類は豊富。戦闘能力に秀でていると言える。

攻撃力	
防御力	
特殊能力	
知能	
パワー	
スピード	

身長	35メートル
体重	2万5000トン
出身地	メシエ星雲
登場回	第45話「郷秀樹を暗殺せよ！」

ウルトラマンとの攻防

攻めに攻めるが最後は骨に

得意の火炎攻撃でまず優位に。ウルトラマンから頭部を集中攻撃されるも、今度は尻尾を巻きつけて転倒させて、左腕に噛みつき攻撃。さらに尻尾からの電流攻撃で追い打ちをかける。だが、ウルトラマンの「ブレスレットボム」で、肉体を燃やされた。

ブーメラン怪獣

レッドキラー

全てを切り裂く「サイボーグアサシン」

地球征服を企む宇宙参謀ズール星人に操られている宇宙怪獣。もともとはズール星の山岳地帯に棲む怪獣だったが、サイボーグ改造を施され、地球へ連れられて来た。

最大の武器は、サイボーグ化によって両手に装着されたカミソリブーメランだ。脳波でコントロールすることが可能で、敵に投げつけると回転しながら斬りつけ、手元へと戻る。切れ味はかなり鋭く、ビルやマットアロー1号の主翼を簡単に切り裂いてしまうほどだ。

口から吐き出す白いガスは、建物を瞬く間に燃え上がらせる。また、肉弾戦に強く、パンチはウルトラマンを吹き飛ばす威力がある。キック力も高く、ひと蹴りでビルを崩壊させる。この高い身体能力は、故郷の山岳地帯で鍛え上げられたものかもしれない。

防御面では、非常に頑強な皮膚を持ち、ロケット弾での集中砲火にもビクともしない。MATの新兵器「スーパーカノン」で倒されたものの、これはMATを油断させるための演技だった。敵をあざむく行動を見せるあたり、知能の高さがうかがえる。まさに、非常に優れた刺客であると言え、ズール星人がその強さに自信を持っていたのも頷ける。

両手に備えたカミソリブーメランは着脱可能。頭部にもブーメラン型の大きな角がある。鼻も硬く鋭利で、手と角と鼻を使い、地中を高速で掘り進む。

攻撃力
防御力
特殊能力
知　能
パワー
スピード

身　長	50メートル
体　重	3万8000トン
出身地	ズール星
登場回	第46話「この一撃に怒りをこめて」

地球侵略を目論んだズール星人は、人間に擬態し、子どもたちを集めて紙芝居を見せる。これはMATが怪獣レッドキラーを倒すという内容で、この直後、実際にレッドキラーが東京に出現し、MATが新兵器によって撃退する。だが、これはMATを油断させるための策略で、さらにズール星人は、郷隊員が少年をケガさせたと主張してMATから離脱させ、ウルトラマンに変身ができないように追い込む。その上でレッドキラーを再出現させ、本当はMATには倒せないことを知らしめるのだった。

BACKGROUND

東京の地下に潜伏し、ズール星人の指令を受けて出現。口からは白いガスを吐き出し、周囲を火の海にする。また、怪力も有している。

ウルトラマンとの攻防

己の武器の鋭さが命取りに

まず、変身前の郷隊員をカミソリブーメランで狙うものの、かわされてウルトラマンへの変身を許し、そのまま一方的に攻められて劣勢に。だが、一瞬のスキをついてブーメランで反撃。何度も命中させてダメージを与え、さらに打撃技で追い打ちをかける。完全に優位に立つが、ウルトラマンの「ブレスレットムチ」でブーメランが奪われてしまうと、またも形勢逆転。最後は「ウルトラ十文字斬り」で倒された。最大の武器であるブーメランはウルトラマンにも有効だったが、最終的には、その性能の高さが仇となってしまった。

自らのブーメランを利用した技で、首と胴体を切り裂かれた。自分の武器に敗れた形だ。

カミソリブーメランは、マッハ2の速さで敵に襲いかかる。脳波で操られており、狙いは非常に正確。人間程度の大きさの標的であっても、確実に命中させる。

宇宙参謀

ズール星人

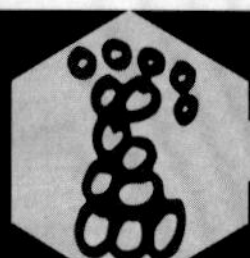
足形

悪知恵を駆使する「宇宙のペテン師」

身　長 2メートル

体　重 95キログラム

出身地 ズール星

登場回 第46話「この一撃に怒りをこめて」

地球侵略を企て、ブーメラン怪獣レッドキラーと共に飛来した宇宙人。地球では、紙芝居屋の男に化け、紙芝居の道具に偽装した通信機で母星の上司から指示を受けながら作戦を実行。なお、作戦の一部始終は事前に紙芝居にまとめられていた。性格は冷酷かつ残忍で、作戦遂行のため、幼い子どもを高架から突き落としている。最終的には、MATに正体がばれてしまい、銃撃を受けて消滅した。

ひとだま怪獣

フェミゴン

女性に乗り移る「奇妙な知的生命体」

火の玉状の宇宙生物が、ＭＡＴの丘隊員に取り憑いて実体化した怪獣。この宇宙生物は宇宙怪獣の霊魂が集まった生命体とされ、憑依能力によって乗り移った相手を思いのままに操ることができるという。

実体化した怪獣は、全長20メートルもの長い首が大きな特徴。頭から首にかけてオレンジ色のトサカのようなものが生え、両頬には同じ色のコブが垂れ下がっている。

口からは高熱の火炎を吐き、一瞬で周囲を炎上させる。また、背中の長く鋭いトゲを敵に突き刺したり、強靭な尻尾を振り回したりして攻撃する他、口に生えた巨大な牙を使った噛みつき攻撃も見せる。陸上はもちろん、水中でも自在に活動でき、海底に潜ってウルトラマンと水中戦を繰り広げている。

フェミゴンの母体となった宇宙生物は、ＭＡＴの通信体制を司る丘隊員に憑依することで大きな混乱を引き起こした。また、フェミゴンの姿でも海底基地を狙ったことから、目的はＭＡＴの壊滅だと推測される。基地内の役割を把握した上で作戦を立て、憑依する人間まで選んだとすれば、恐ろしいほど高度な知能を持っている存在だと言えるだろう。

コブ

トゲ

トサカ

頭部

足形

尻尾

二足歩行で動き、足はとても強靭。手には2本のツメ、背中には大きな赤いトゲがある。長い尻尾の先は、扇のような形状をしている。口の牙はかなり鋭い。

攻撃力	■■■■■■■
防御力	■■■■■■■■
特殊能力	■■■■■■■■■■
知能	■■■■■■■■■■
パワー	■■■■■■■■
スピード	■■■■■■■

身長	70メートル
体重	5万トン
出身地	宇宙
登場回	第47話「狙われた女」

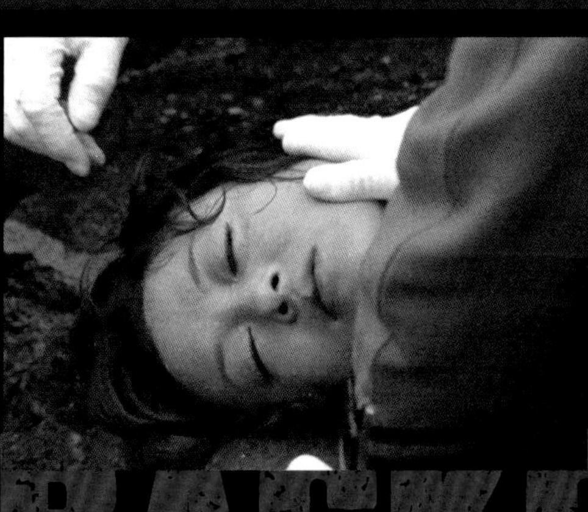

MATの丘隊員が基地の通信スイッチを切ったことで、郷隊員らが乗るマットアローが行方不明に。さらにレーダーをオフにして、伊吹隊長らが乗るマットアローを旅客機と衝突寸前に追い込んでしまう。立て続けの大きなミスによって、休暇を命じられた丘隊員が基地から離れると、今度は人手不足のMATに追い打ちをかけるように怪獣フェミゴンが出現。コンビナートを襲撃する。実は、謎の生命体がひそかに丘隊員へと憑依し、MATを危機に陥れるべく、彼女を操っていたのだった。

BACKGROUND

口からは火炎を吐いて攻撃する。コンビナートを襲撃した後、丘隊員から石油の匂いがしたことから、怪獣と人間に、体を瞬時に変化させていると考えられる。

特徴である長い首は20メートルの長さ。ここが弱点でもあり、つかまれると動きが鈍ってしまうという。

背中のトゲと、牙の生えた口が最大の武器。また、噛みついたままで、敵を引きずるほどのパワーを持つ。

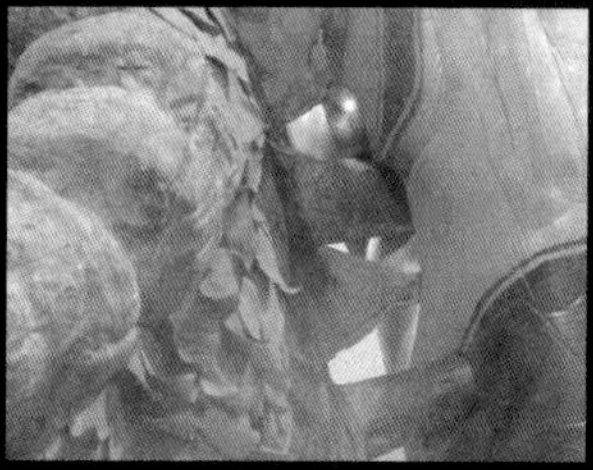

ウルトラマンとの攻防

肉体は滅んでも魂は死なず

千葉のコンビナートで激しい格闘戦となるが、背中のトゲを突き刺してウルトラマンに大きなダメージを与えることに成功。さらに、頭にかぶりついて追撃する。そして、敵がダウンした隙に、海へと移動。MATの海底基地を襲撃しようとするが、ウルトラマンに追いつかれて水中戦に。突進で攻撃するものの、あっさりかわされ、最後は「ウルトラブレスレット」を食らって爆発した。戦闘後、海辺には丘隊員が倒れ、彼女から火の玉が飛び立っている。怪獣の本体である生命体は、ウルトラマンでも倒せなかったとみられる。

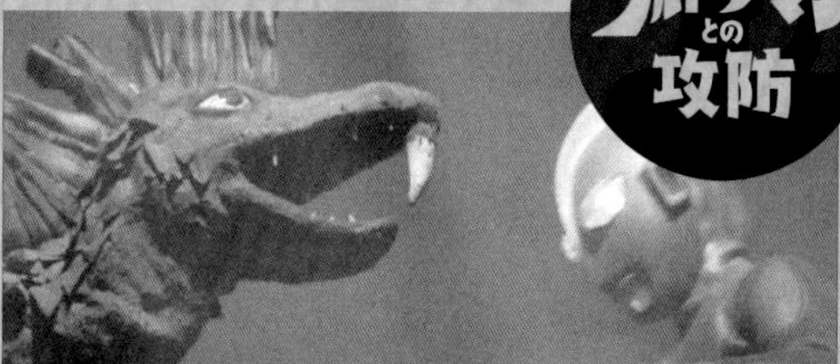

コブをもぎ取られて戦意を喪失したところに、背後からトドメを刺された。

なまけ怪獣

ヤメタランス

律儀で真面目な「病原体の主」

宇宙怪人ササヒラーが、地球を攻撃するために送り込んだ宇宙怪獣。20センチメートルほどの大きさでカプセルに入れられ、飛来した。人間から意欲を奪い、怠け者に変える「なまけ放射能」を体内に蓄え、常に体から放出している。この放射能の影響を受けた人間は、顔に黒く大きい斑点が多数現れ、しゃっくりをするように。そして、すぐに無気力状態に陥り、何もしたくなくなってしまう。

なまけ放射能は、ウイルスのように人間を介して広がる性質があり、その感染力は異常なほどに強い。地球でも、アッという間に多くの人が怠け者と化してしまった。

しかし、ヤメタランス自身に悪意はなく、自分が地球にもたらす危険性を把握した上で、宇宙に帰してくれるよう警告していた。その点で、善良かつ知的な生命体と言えるだろう。

ただ、残念ながらヤメタランスの言語は、地球人にとって「キーキー」という怪電波にしか聞こえず、警告は理解されなかった。

体は、人間のなまけエネルギーや食べ物を摂取することで無限に成長し、どんどん重くなる。食いしん坊でもあり、樹木や家屋など、口に入るものは何でも食べてしまう。

口

耳

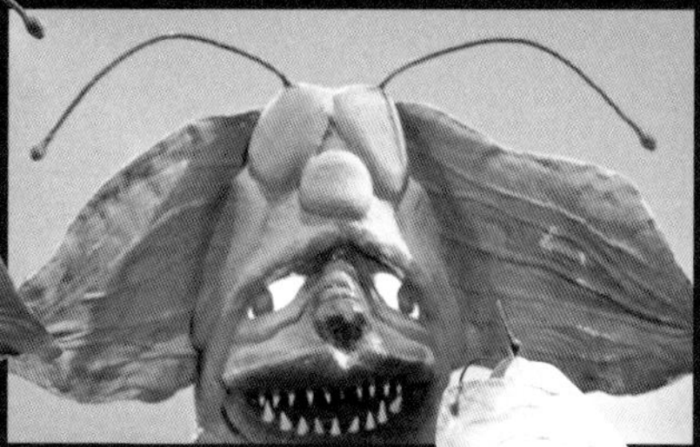

触角

皮膚

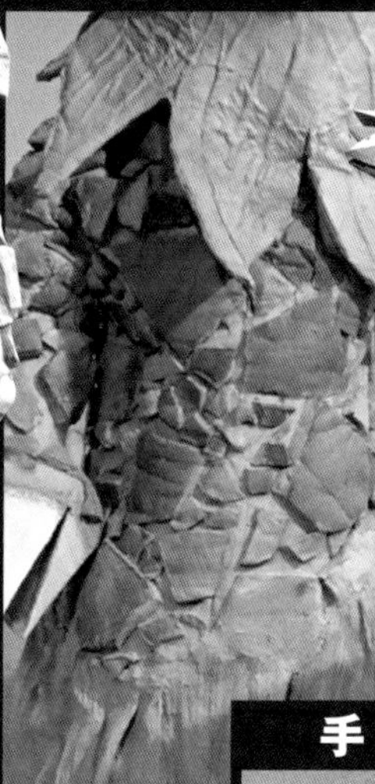

手

足形

垂れた目と大きな口が特徴的で、偶然にも第一発見者の少年が落書きした怪獣とそっくり。足は皮膚に隠れて見えない。

攻撃力	5
防御力	5
特殊能力	8
知能	9
パワー	7
スピード	5

身長	20センチメートル～45メートル～無限大
体重	30キログラム～3万トン～無限大
出身地	ヤメタランス惑星
登場回	第48話「地球頂きます！」

東京Ａ地区に、正体不明の小型カプセルが落下。少年がカプセルを開けると、小さな怪獣ヤメタランスが入っていた。そしてこの直後から、東京中の人々が次々とやる気を失い、無気力状態になってしまう。これは、ヤメタランスが体から放出するなまけ放射能によるもので、全ては地球侵略を目論む宇宙人ササヒラーの策略だった。ササヒラーは、全人類にやる気を失わせた上、なまけエネルギーで無限に巨大化するヤメタランスの重量によって、地球を破壊しようとしていたのだ。

BACKGROUND

カプセルに入れられ、地球に送り込まれた。異常な食欲を持っており、目の前の物を何でも食べてしまう。

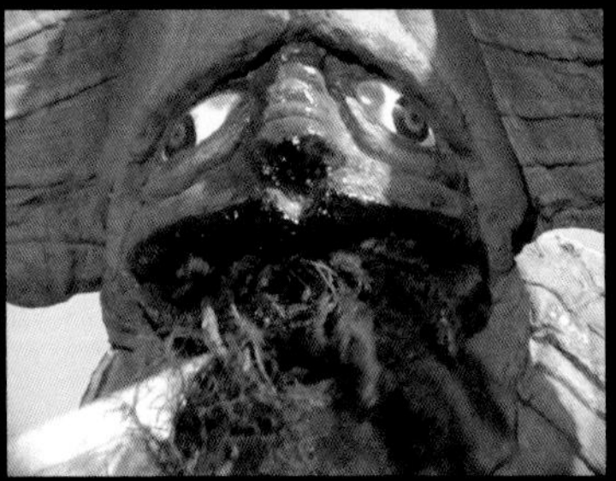

ドリルハンドと呼ばれる手は、鉄塔を簡単になぎ倒す。足は俊敏ではないが、足踏みするだけで家屋を破壊するほどのパワーがある。

食べたり、なまけエネルギーを吸収したりするほどに巨大化し、重くなる。性格は善良だが、空腹によって理性を失うこともある。

ウルトラマンとの攻防

願い通りに無傷のまま宇宙へ

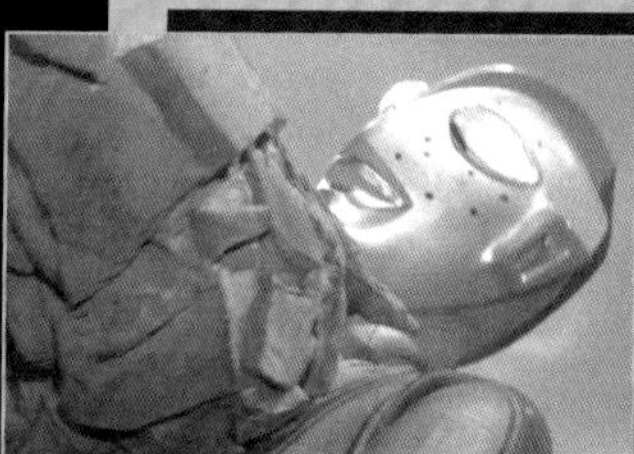

ウルトラマンの顔にも、なまけ病のサインが。最後は小さくなって宇宙へ帰った。

ヤメタランスは「僕を僕の星に帰してくれ」と懇願しつつも、空腹のために自制できなくなり、暴れ回ってしまう。そこにウルトラマンが現れたが、なまけ放射能の影響を受けており、満足に動けない状態だった。だが、なんとか「ウルトラブレスレット」の「縮小能力」でヤメタランスを小型化すると、そのまま宇宙へと放り投げ、故郷へと帰した。ヤメタランスは、自身の有害性や、宇宙へ帰りたいという望みを終始訴えていた。ヤメタランスの言語を理解できるウルトラマンが地球にいたことが、最大の幸運だったと言えるだろう。

宇宙怪人

ササヒラー

SASAHILER

地球を狙う「したたかな破壊者」

なまけ怪獣ヤメタランスを利用して、地球の滅亡を企てた宇宙人。ヤメタランスの「なまけ放射能」によって全人類を無気力状態にし、無防備になった地球を破壊してしまおうとした。

地球へは宇宙船で飛来。体の大きさを自在に変えることができ、巨大化する際は発光を伴う。ウルトラマンによってヤメタランスが宇宙へ帰されると、宇宙船から巨大化した姿で現れた。

細く尖った腕は18メートルもの長さがあり、ひと突きでクジラを串刺しにしてしまう。怪力も有しており、30メートルクラスの大木でも、いとも簡単になぎ倒すことができる。また、フットワークも軽く、海中を時速150キロメートルで泳ぐこともできるという。

口からは、黄色いガスを噴射し、敵を攻撃する。このガスは周囲を一瞬で火の海にしてしまう威力がある他、強い毒性も含んでおり、ひと吐きで5キロメートル四方の生物を全滅させると言われている。

ヤメタランスの特徴を熟知した上で、自らは手を下さずに地球を破壊しようと画策した。知能は非常に高く、計算高いと言えるだろう。

全身は三角形のような体形で、頭から肩にかけてトゲが生えている。手も足もパワーがあり、身体能力はかなり高いと言える。

足形

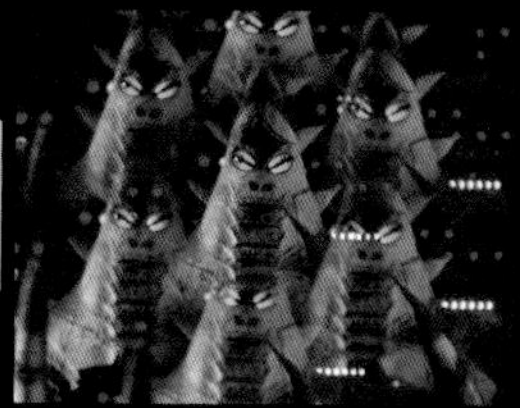

ヤメタランスを地球に降下させ、自らは宇宙船に潜伏。状況を見守っていたが、計画失敗後に姿を現し、暴れ回った。

宇宙船

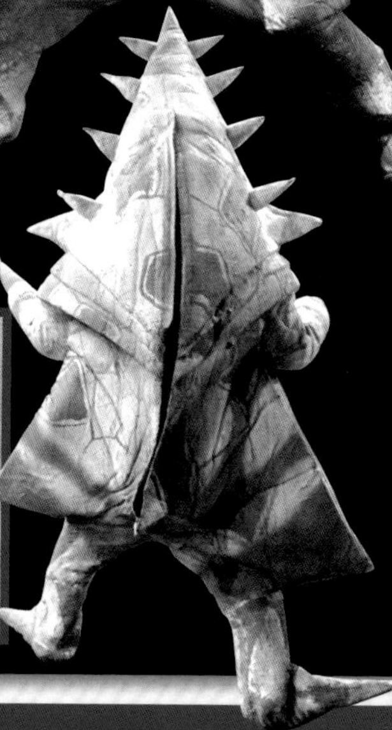

身長	43メートル
体重	1万5000トン
出身地	ササヒラー星
登場回	第48話「地球頂きます！」

互角の格闘戦もMATの援護で敗北

ウルトラマンとの攻防

まずは毒ガスを噴射して先制攻撃。そこから格闘戦となり、「ウルトラ回転足投げ」でダメージを受けつつも、チョップや回転投げ飛ばしで対抗。だが、MATの援護射撃で生じたスキに「スペシウム光線」を食らい、最後は白い泡となって消滅した。

ミステラー星人（せいじん）
ALIEN MYSTELER

戦闘（せんとう）に長（た）けた「宇宙（うちゅう）の軍人（ぐんじん）」

銀河系（ぎんがけい）で最（もっと）も好戦的（こうせんてき）な星（ほし）・ミステラー星（せい）からやってきた宇宙人（うちゅうじん）。地球（ちきゅう）では3体（たい）のミステラー星人（せいじん）が確認（かくにん）されており、もともとは、かつて宇宙戦闘隊（うちゅうせんとうたい）のエースだった個体（こたい）（善（ぜん））が戦（たたか）いに嫌気（いやけ）がさして、娘（むすめ）と共（とも）に地球（ちきゅう）に逃亡（とうぼう）。その後（ご）、戦闘隊（せんとうたい）の隊長（たいちょう）である個体（こたい）（悪（あく））が飛来（ひらい）した。戦闘力（せんとうりょく）が高（たか）く、優（すぐ）れた身体能力（しんたいのうりょく）で格闘技（かくとうわざ）を繰（く）り出（だ）す。頭脳（ずのう）も明晰（めいせき）だが、善（ぜん）の個体（こたい）が心（こころ）優（やさ）しく平和（へいわ）を愛（あい）する性格（せいかく）である一方（いっぽう）、悪（あく）は好戦的（こうせんてき）でずる賢（がしこ）い。

細長（ほそなが）く突（つ）き出（で）た口（くち）が大（おお）きな特徴（とくちょう）。ミステラー星（せい）は大気（たいき）が薄（うす）いため、口（くち）と肺（はい）が発達（はったつ）したと言（い）われる。悪（あく）の個体（こたい）は、この口（くち）に「MTファイヤー」という兵器（へいき）を装備（そうび）し、高熱火炎（こうねつかえん）を吐（は）き出（だ）すことが可能（かのう）。これは、善（ぜん）の個体（こたい）を捕獲（ほかく）するために新開発（しんかいはつ）されたのだという。

地球（ちきゅう）では、それぞれが人間態（にんげんたい）に変身（へんしん）して行動（こうどう）。自分（じぶん）の意思（いし）で元（もと）の姿（すがた）に戻（もど）り、縮小化（しゅくしょうか）や巨大化（きょだいか）も自在（じざい）に行（おこ）う。人間態（にんげんたい）でも、テレパシーで呼（よ）びかけたり、手（て）から念動力（ねんどうりょく）を発（はっ）したり、瞬時（しゅんじ）に姿（すがた）を消（け）したりと、超能力（ちょうのうりょく）を使（つか）うことが可能（かのう）なようだ。また、人間（にんげん）を催眠状態（さいみんじょうたい）にして自由（じゆう）に操（あやつ）る他（ほか）、宇宙船（うちゅうせん）から怪光線（かいこうせん）を発射（はっしゃ）して戦闘機（せんとうき）と人間（にんげん）を凍結（とうけつ）させている。

ミステラー星人(悪)

人間態(悪)

ヒレ(悪)

宇宙船(悪)

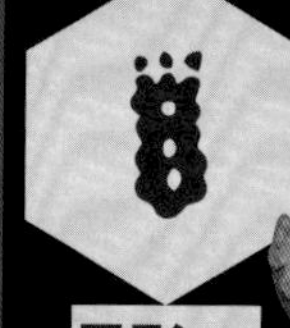

足形(善)

足形(悪)

善の個体は、体に横線のような皮膚がある一方、悪は丸いイボのような突起がある。瞳は善が黒く、悪が赤い。顔のヒレも両者で異なっている。

人間態(善)

ヒレ(善)

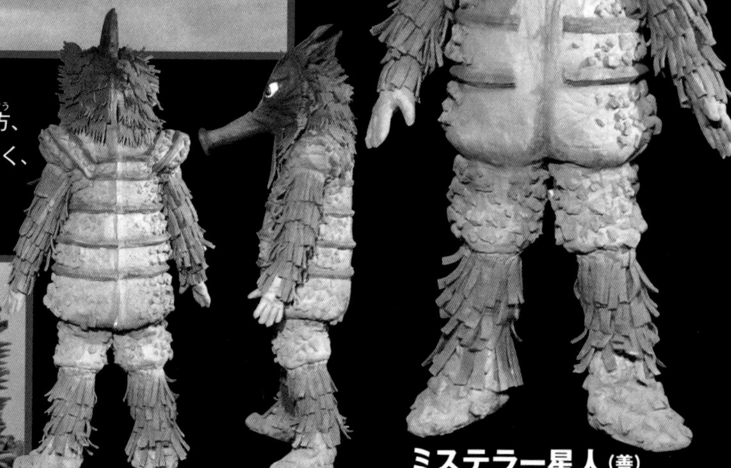

ミステラー星人(善)

	善	悪
攻撃力		
防御力		
特殊能力		
知能		
パワー		
スピード		

身長	2～43メートル(善)、2～42メートル(悪)
体重	120キログラム～1万8000トン(善) 100キログラム～1万5000トン(悪)
出身地	ミステラー星
登場回	第49話「宇宙戦士その名はMAT」

ミステラー星は、アテリア星との戦争が30年以上も続き、激しく消耗していた。そんな中、宇宙戦闘隊隊長である悪の個体は、ＭＡＴ隊員とウルトラマンを戦闘員にするため地球へ飛来。まず、倉笠山脈にＭＡＴ隊員をおびき寄せて催眠状態にし、地球に逃亡していた善の個体の娘を誘拐させる。ミステラー星の憲章第3条では、他の星への逃亡が禁じられ、破った者は死刑になると定められていた。この法律と娘の命を盾に、悪の個体は善を脅迫し、ウルトラマンを捕えさせようとするのだった。

BACKGROUND

悪の個体は、宇宙船で倉笠山脈に飛来。善の個体は芦ノ湖の湖底で暮らし、その娘は学校の女子寮に住んでいた。

好戦的な惑星の出身だけあって、戦闘力が高く、善と悪の両者がぶつかり合った際にも、互角の戦いが続いた。

高い身体能力を持ち、特に善の個体は、優れた射撃の腕前を持つ。悪の個体は、口に装備した「MTファイヤー」から、高熱の火炎を吐き出すことができる。

新兵器を封印されてなす術なし

ウルトラマンとの攻防

計画が失敗すると悪の個体が巨大化。善の個体との格闘戦となる。一歩も譲らぬ打撃技の応酬が続く中、悪がMTファイヤーを連射して善を追い詰め、そこへウルトラマンが救援に出現。すぐさま「ウルトラブレスレット」で口を切断されてしまう。そこで悪は、催眠状態にしたMAT隊員を呼び寄せ、ウルトラマンに集中砲火させる。だが、一瞬のスキを突かれて「スペシウム光線」を放たれると芦ノ湖へと倒れた。悪の個体の企みは全て失敗に終わった。隊長でありながら、ウルトラマンの力量を見誤ったのが原因だろう。

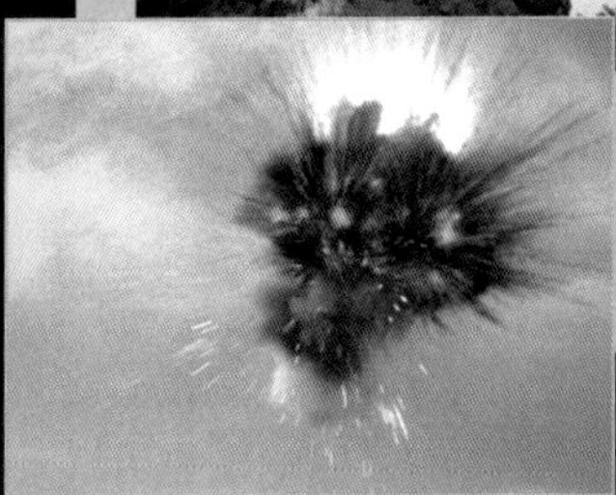

水中に潜んでいた宇宙船も、正気を取り戻したMAT隊員に撃墜された。

原始地底人
キング・ボックル
冷酷に動く「地中からの侵略者」

地球の地底30キロメートルに文明を築き、暮らしている生命体。太古の地殻変動で地底に閉じ込められた人類が、長い年月をかけて変貌した姿であるとも言われている。知能が高く、人間と同等以上の科学力を持つ。

地中と地上を自由に行き来し、地上への進出を目論んでいる。地底で生活するが、全身でマグマを吸収することで、エネルギーにしているという。長年の地底生活で目は退化している。だが、アンテナ状の触角が目の代わりをしていて、コウモリのように超音波を出し、その反射によって対象の位置を把握する。また、この超音波を使って人間を催眠状態にして操ったり、錯乱させたりすることも可能。さらには、土砂崩れやかまいたちを起こしたり、地上のものを地中に沈めたりもしている。

頭部には連射可能なロケット砲を2門装備。その破壊力は凄まじく、大きな建物を簡単に粉砕してしまう。また、後頭部からは赤い煙幕を散布して、敵をかく乱する。

格闘能力にも優れ、チョップや首絞め、キックなど、強力な技を次々と繰り出す。人間大の姿で活動する他、巨大化した姿も目撃されている。

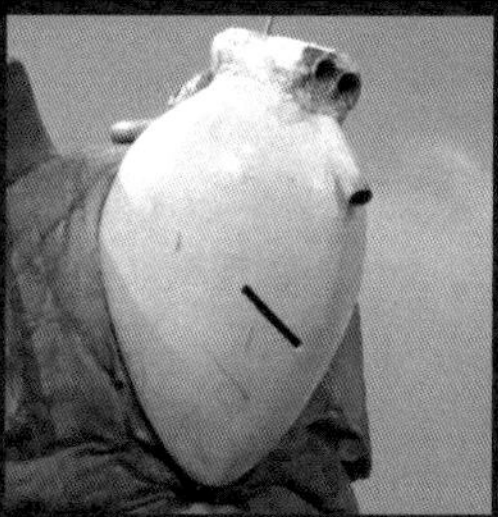

頭部

腹部

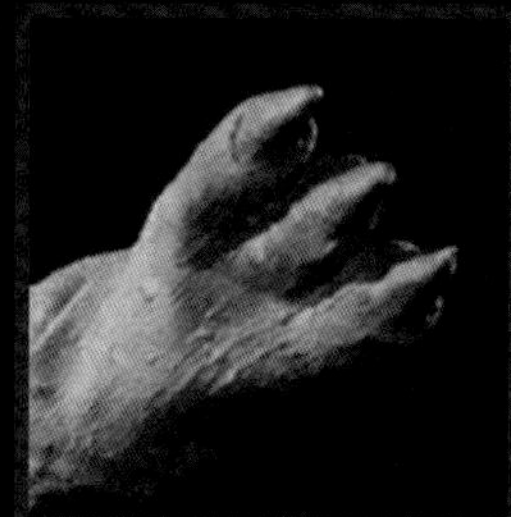

手

触角

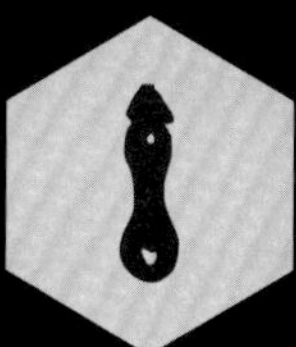

足形

背中

退化した目の代わりとなる2本の触角は、クルクルと回転する。全身は、強固な皮膚で覆われ、腰にはトゲが生える。

攻撃力
防御力
特殊能力
知能
パワー
スピード

身長	2.5~50メートル
体重	130キログラム~3万トン
出身地	地底30キロメートル
登場回	第50話「地獄からの誘い」

地底科学センターが何者かによって破壊される。その事件を苦に地底科学の世界的権威・小泉博士が真珠湖で自殺したと報道され、彼の娘のチドリは行く先々で危険にさらされるようになる。これらは、地上への進出を目論む地底人キング・ボックルの仕業で、地底人類を研究する小泉博士と、その研究ノートを所持するチドリを地上進出の障害と見なし、排除しようとしていた。結果、博士を催眠状態にして殺害。そしてチドリを、ノートを保管するマンションごと地中に沈めようとするのだった。

巨大化して地中から出現したが、人間大の姿でも活動する。地底深くに棲息するものの、地球人なのは間違いない。

高い知能を持ち、人知れず地上への進出を企てた。戦闘も得意で、軽快な動きで手足を使った打撃技を繰り出す。

頭からは強力なロケット弾を放つ他、敵を苦しめるガスも出す。触角から発する超音波で、敵を地中に埋めることも可能。

生命線のアンテナを失い窮地に

ウルトラマンとの攻防

地底人類の研究ノートの保管先であるマンションを地中に沈めようとしたところをウルトラマンに阻止され、戦闘に突入。激しいぶつかり合いとなるが、後頭部からのガスでダウンさせると優位に立ち、打撃技を連発。さらに超音波で地中に沈めつつ、ロケット弾でトドメを刺そうとする。だが、超音波を司る頭部の触角が折られてしまい、攻勢はストップ。最後は「ブレスレットボム」を浴び、爆死した。地底には多くの仲間が待っていたはずだ。集団で作戦を実行し、ウルトラマンと戦っていれば、結果も変わっただろう。

「超音波を頼りに動く」というチドリの助言で、逆転を許してしまった形だ。

触角宇宙人

バット星人

英雄を葬る「極悪処刑人」

「ウルトラ抹殺計画」を企て、宇宙恐竜ゼットン（二代目）を引き連れて、地球に飛来した宇宙人。個体としての戦闘能力はさほど高くないが、鋭利なハサミ状の両手を武器として相手を攻撃する。このハサミからは「バットミサイル」も発射できるという。

頭部の３本の大きな角は、アンテナの役割を持つ。ここから、ゼットンに意志を伝え、操っているとされる。また、口に生えている２本の長い牙には毒液が蓄えられ、噛みつくことで敵の内臓を溶かしてしまう。

地球では当初、人間大の姿で行動していたが、のちに巨大化して暴れ回った。また、瞬間移動する能力も持っている。

立案した「ウルトラ抹殺計画」は、地球を守っているウルトラマンに加え、ゾフィー、初代のウルトラマン、ウルトラセブンといったウルトラ兄弟を全員殺害することが目的だった。ゼットンに注目を集め、そのスキにＭＡＴの海底基地の原子炉を破壊して機能を停止させたり、M78星雲のウルトラの星に連合部隊を送り込んだりと、手段を選ばず、作戦を遂行しており、狡猾な頭脳かつ残忍な性格の持ち主だと言える。

人間大の時はナイフ攻撃で倒れた一方、巨大化時はＭＡＴの攻撃を完全防御した。肉体が変化するとも考えられる。

角

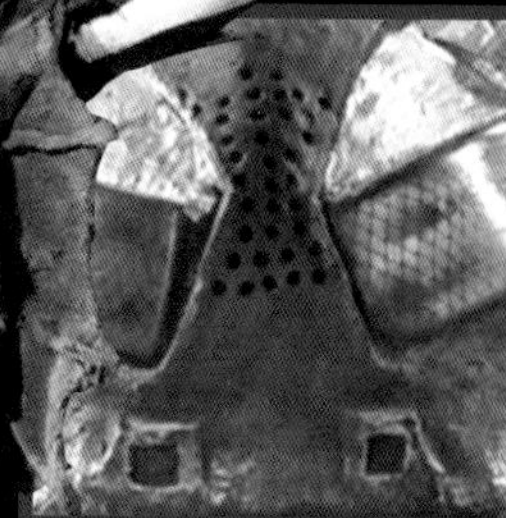

目

目は緑色に発光。背中の皮膚は、マント状になっている。長い牙と硬いハサミ状の手が戦闘時には大きな武器となる。

足形

身長	2.3~43メートル
体重	80キログラム~2万8000トン
出身地	バット星
登場回	第51話「ウルトラ5つの誓い」

ゼットンとの挟み撃ちも不発

ウルトラマンとの攻防

人間大の姿で伊吹隊長らと戦闘になり、ナイフが体に突き刺さると巨大化。ゼットンと共にウルトラマンに挑む。ゼットンに弱点のカラータイマーを狙うように指示するなど、連携しながら攻撃を仕掛けるが、「ウルトラクロス」を突き刺されて絶命した。

宇宙恐竜

ゼットン（二代目）

再臨した「宇宙最強の用心棒」

触角宇宙人バット星人によって操られている宇宙怪獣。かつて、初代のウルトラマンを倒した個体の同族だとみられる。ただ、バット星人によって強化改造されており、初代のゼットン以上の戦闘能力を有している。

口から高熱の火球を放つ他、右手から「ゼットン・ナパーム」を発射して周囲を粉砕する。体からバリア状の光波を放ち、敵を痺れさせることも可能。

怪獣最強と言われたキック力は、二代目でも健在。腕の力は初代を超え、軽く押すだけで巨大な岩石に穴を開けてしまうほどのパワーを秘める。

その一方、初代が使用した電磁バリアや瞬間移動の能力は持っていないのか、使うことはなかった。しかし、皮膚は頑丈で、バリアなしでも初代以上の防御力を誇る。敵と距離を取って戦った初代に比べて、二代目は肉弾戦を得意としていると思われる。

主であるバット星人から出される指示を理解し、戦闘時には相談するような場面も確認できたことから、ある程度の知能と意思疎通の能力を持っていると推察される。両者に絆のようなものが存在した可能性もある。

頭部

足形

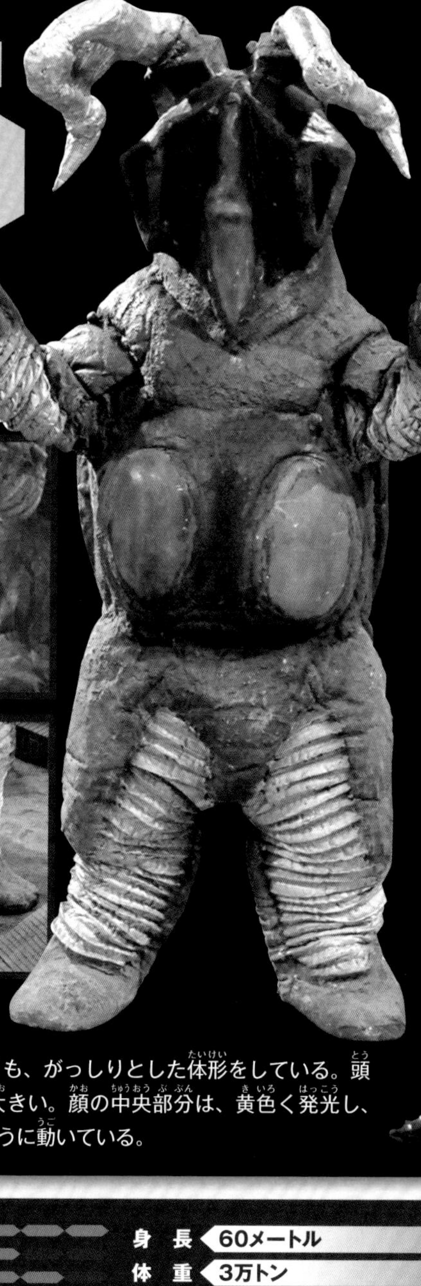

角

手

腹部

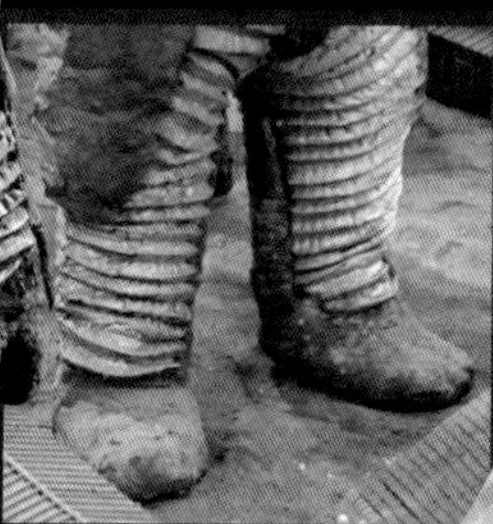

足

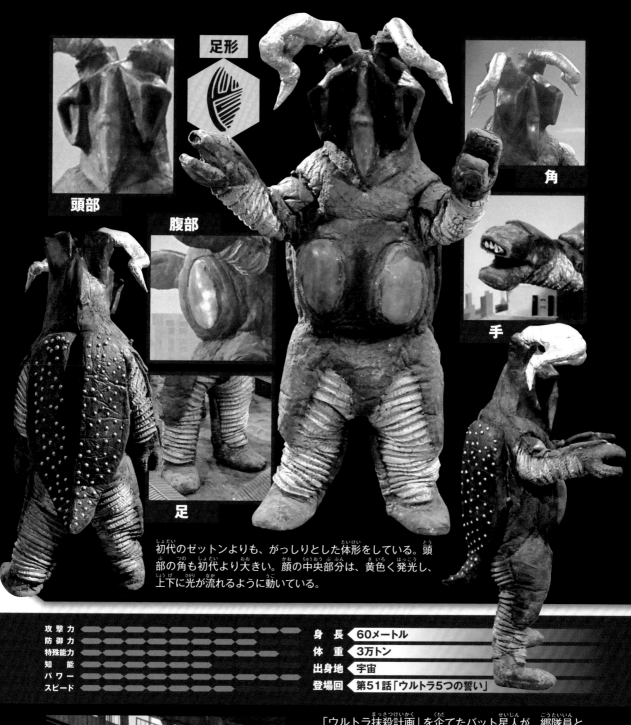

初代のゼットンよりも、がっしりとした体形をしている。頭部の角も初代より大きい。顔の中央部分は、黄色く発光し、上下に光が流れるように動いている。

攻撃力
防御力
特殊能力
知能
パワー
スピード

身長	60メートル
体重	3万トン
出身地	宇宙
登場回	第51話「ウルトラ5つの誓い」

「ウルトラ抹殺計画」を企てたバット星人が、郷隊員と近しい間柄の二人を誘拐し、監禁。郷隊員がウルトラマンの正体であるとわかった上で誘い出す。同じ頃、バット星から、ウルトラマンの故郷・M78星雲に攻撃部隊を派遣。バット星人は、ゾフィー、初代のウルトラマン、ウルトラセブンといったウルトラ兄弟を皆殺しにしようとしていた。さらに、東京B地区で怪獣ゼットン（二代目）を暴れさせ、MATが出動した隙に海底基地を破壊。そして、誘拐した二人を処刑すると予告するのだった。

BACKGROUND

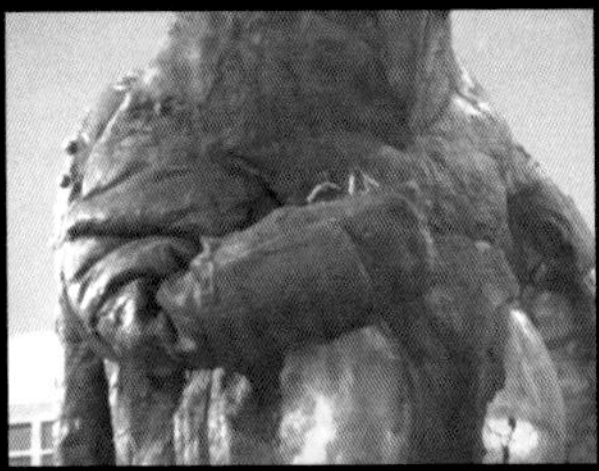

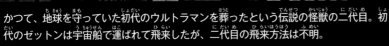

かつて、地球を守っていた初代のウルトラマンを葬ったという伝説の怪獣の二代目。初代のゼットンは宇宙船で運ばれて飛来したが、二代目の飛来方法は不明。

攻撃力、防御力に優れ、まさに戦闘のために生まれた怪獣と言える。顔から放つ火球は、連射も可能だ。

手から「ゼットン・ナパーム」という光弾を発射。体から出す光波は、敵の動きを止めることもできる。知能も高く、バット星人と見事な連携を見せた。

ウルトラマンとの攻防

渾身の「スペシウム光線」に散る

巨大化したバット星人と連携し、「ウルトラ抹殺計画」を実行。体から放つ光波でしびれさせると、強烈なパンチの連打で攻め立てる。しかし、ＭＡＴ隊員たちの援護攻撃によって形勢逆転。一方的に攻撃され、反撃の火球もゼットン・ナパームもかわされてしまう。バット星人との挟み撃ちも仕掛けたが、最後は「ウルトラハリケーン」で空中に投げ飛ばされ、「スペシウム光線」で破壊された。戦闘前、初代のウルトラマンから変身前の郷隊員に警戒を促す「忠告」があった。それがなければ、ゼットンが勝利していた可能性もある。

パワーでは互角以上に渡り合ったが、光線技は耐え切れず。粉々となって青空に舞った。

ウルトラマン

ULTRAMAN

勇敢な心を持つ「正義の戦士」

異常気象の影響によって目を覚ました怪獣から、地球を守るために飛来した宇宙人。かつて地球を守ったウルトラマン（初代）とは別個体で、「ウルトラマンジャック」と称されることもある。地球では、ＭＡＴの郷隊員と一体化。地球の危機に際し、郷隊員が最大限の努力をした時に変身する。

頭部は非常に硬く、その硬度は鉄の2000倍とも、ダイヤモンドの100倍とも言われる。目は暗闇でも見通すことができ、耳は200キロメートル先で針が落ちる音もキャッチする。

非常に強靭なボディを持ち、10万トンのタンカーを持ち上げるほどの腕力を持つ。足には強靭な筋肉が備わり、走る速さは時速600キロメートル、ジャンプ力は400メートルにも達する。かかとはダイヤモンドの10倍硬いとされ、ひと蹴りで巨大怪獣を500メートルも吹き飛ばしてしまうキック力がある。

特筆すべきは戦闘力の高さで、様々な光線技や特殊能力を使いこなす他、優れた身体能力を活かした格闘も得意としている。また、水中を180ノットで泳ぎ、空中をマッハ５で飛ぶことができる。宇宙空間ではさらなるスピードアップも可能だという。

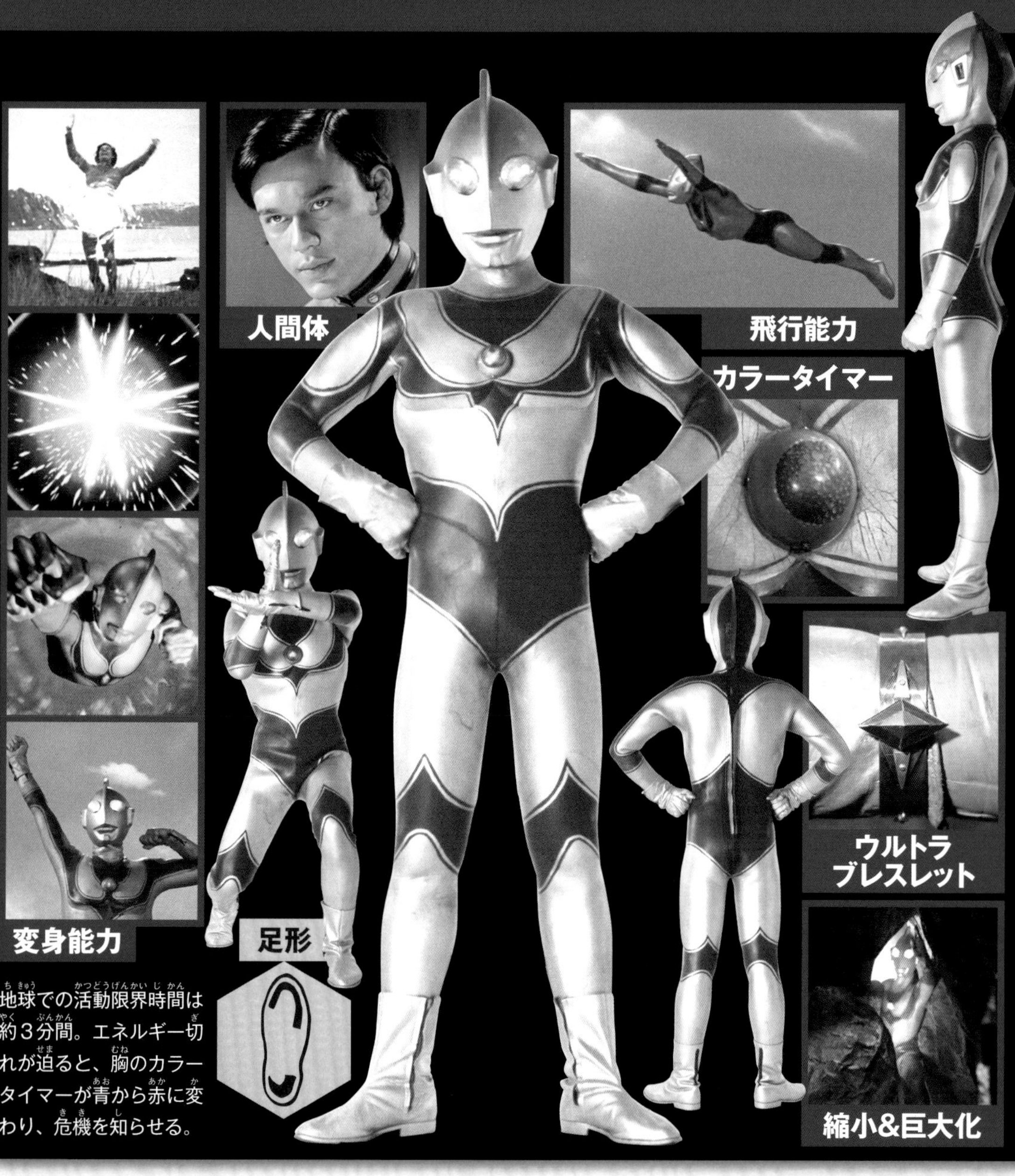

地球での活動限界時間は約3分間。エネルギー切れが迫ると、胸のカラータイマーが青から赤に変わり、危機を知らせる。

攻撃力
防御力
特殊能力
知能
パワー
スピード

身長	40メートル
体重	3万5000トン
出身地	M78星雲・光の国
登場回	第1話～第51話

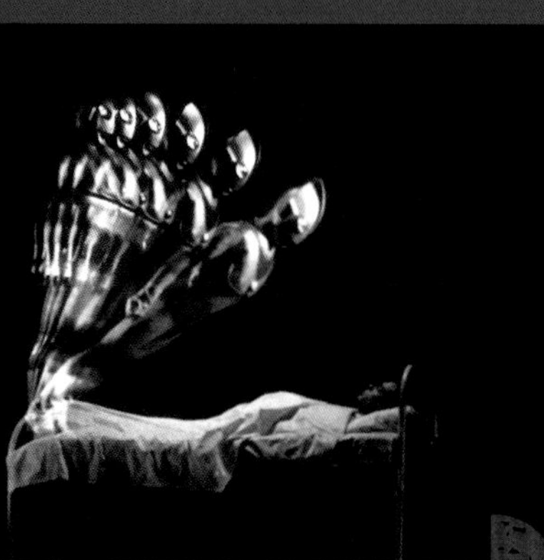

世界的な異常気象によって覚醒した怪獣タッコングが東京に上陸。暴れ回って街を破壊する中、郷秀樹という若者が、逃げ遅れた少年と子犬を救出するものの、がれきの下敷きとなって命を落としてしまう。その後、彼の亡骸の下に、精神体となったウルトラマンが登場。ウルトラマンは、自らの命も顧みず、少年たちを救出した郷の勇敢さに感動。郷に命を預けて一体化し、地球に留まって平和のために戦うことを決意。そして、郷は息を吹き返し、怪獣攻撃隊「MAT」へ入隊するのだった——。

BACKGROUND

スペシウム光線

ウルトラマンが最も得意とし、切り札にしている光線技。腕を胸の前で十字に組んで発射する。この技で、10体以上の怪獣を倒している。

ウルトラスラッシュ

スペシウム光線のエネルギーを光の輪に変えて敵を切断する。別名「八つ裂き光輪」。サドラなどに使用した。

シネラマショット

スペシウム光線の威力を倍増させたといわれる技。キングザウルス三世との戦闘で使ったが、バリヤーで防がれた。

フォッグビーム

破壊力の高い霧状の光線。キングザウルス三世との戦闘で使用したが、バリヤーによって防がれてしまった。

ストップ光線

敵の動きを止めることができる凍結光線。別名「凍結スペシウム」。ステゴンとの戦闘で使用した。

ウルトラロケット弾

両手を合わせ、指先から連射するロケット弾。空中を浮遊するバリケーンを撃墜する際に使用した。

ウルトラショット

右手の先から発射する光線技。針状と帯状の２種類のタイプがある。テロチルスやノコギリンなどに使われた。

ウルトラ眼光

両目から放つ、直線状の破壊光線。敵の弱点をピンポイントに射貫く。メシエ星雲人との戦闘で使用した。

ウルトラフラッシュ

両手を合わせることで、指先から繰り出される破壊閃光。ビルガモとの戦闘で使用し、爆発を引き起こした。

ウルトラフロスト

重ねた両手から放出する冷凍ガスで、敵を凍らせる技。プリズ魔との戦闘で使用し、一時的に動きを止めた。

ウルトラプロペラ

プロペラのような高速回転で、巨大な竜巻を発生させる技。バリケーンを吸い上げて宇宙空間に吹き飛ばした。

ウルトラドリル

全身をドリルのように高速回転させ、地中を掘り進む技。ゴーストロンとの戦闘で、地中から接近する際に使用。

ウルトラスピン

体を高速回転させることで、突風を巻き起こす技。シーゴラスやキングマイマイとの戦闘で使用した。

ハンドビーム

右手の先から発射する光弾。人間大のブラック星人を一撃で仕留めた。

ボディスパーク

エネルギーをスパークさせ、敵にショックを与える技。ツインテールに使用。

透視光線

両目から放つ光線で、透明になって姿を隠している敵を実体化させる。サータンとの戦闘で使用した。

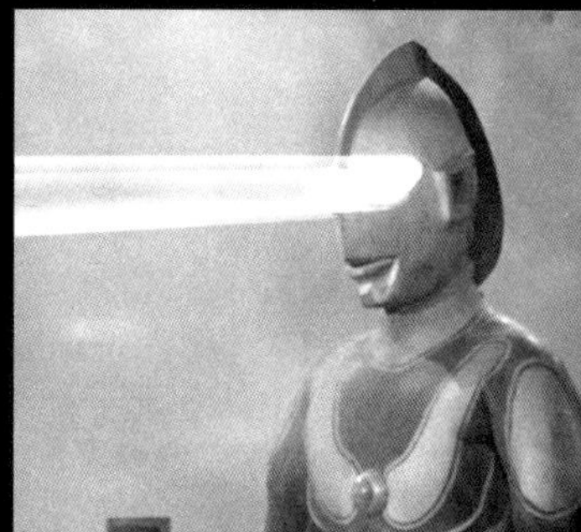

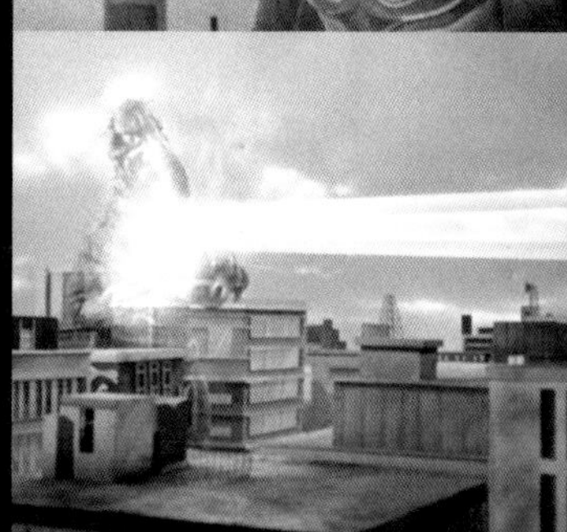

ウルトラ念力

両手から放出される念力によって、敵を思いのままに動かす技。サータンとの戦闘で使用し、空中に浮かび上がらせて動きを止めた。

ウルトラブレスレット

ウルトラセブンによって授けられた腕輪型の万能武器。通常は左手首に装着し、脳波によってコントロールすることが可能。状況によって様々なアイテムに変化させる他、ブレスレットを利用して特殊能力を発揮することもできる。

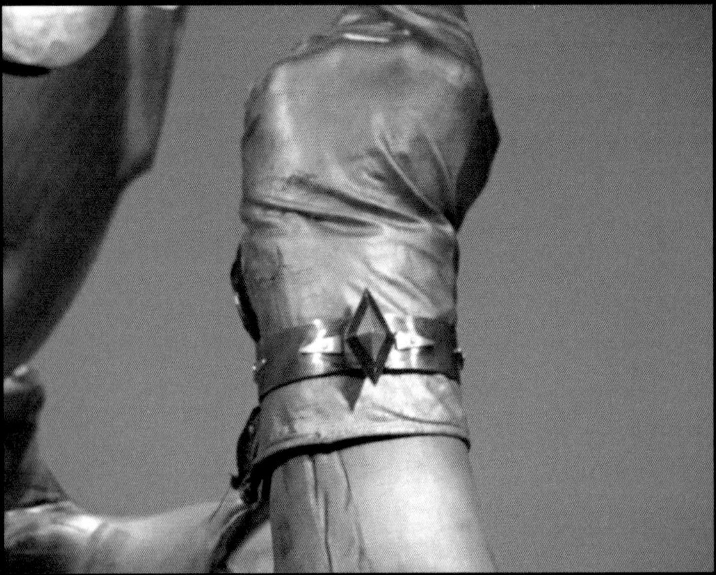

ウルトラスパーク

ブレスレットを短剣状に変形させて攻撃する技。最も使用頻度が高く、腕から放ったり、手に持ったりする場合も。

ブレスレットボム

ブレスレットを敵に飲み込ませ、体内で爆発させる技。キングマイマイ、ロボネズとの戦闘で使用した。

ブレスレットチョップ

ブレスレットの力で破壊力を強化した左手で放つチョップ技。グロンケン、オクスターとの戦闘で使用した。

ブレスレットニードル

ブレスレットを鋭い針状の剣に変形させた武器。バキューモンとの戦闘で使用し、体内を切り裂いた。

ブレスレットブーメラン

ブレスレットをブーメラン状に変形させた武器。ブラックキングとの戦闘で使用したが、硬い皮膚で弾かれた。

ブレスレットムチ

ブレスレットをムチ状に変形させた武器。レッドキラーとの戦闘では、敵のブーメランを絡め取った。

スパーク電撃

ウルトラスパークを刃に変え、敵にぶつけて強力電流を流し、動きを封じる技。ノコギリンに使用。

ウルトラスーパー光線

ブレスレットをウルトラスパークに変形させた状態から、エネルギー光線を放出する技。サータンとの戦闘で使用し、体を貫いた。

ウルトラ火輪

ブレスレットを炎の輪に変え、敵を焼き尽くす技。バルダック星人に使用。

ウルトラ発光

ブレスレットを発光させ、敵のメカに異常を生じさせる技。ビルガモに使用。

ウルトラ閃光

ブレスレットから強烈な閃光を放つ技。ドラキュラスとの戦闘で使用。

ウルトラランス

ブレスレットを槍状に変化させた武器。ヤドカリンとの戦闘で使用した。

ウルトラクロス

ブレスレットを十字架型の槍に変化。ドラキュラスやバット星人に使用した。

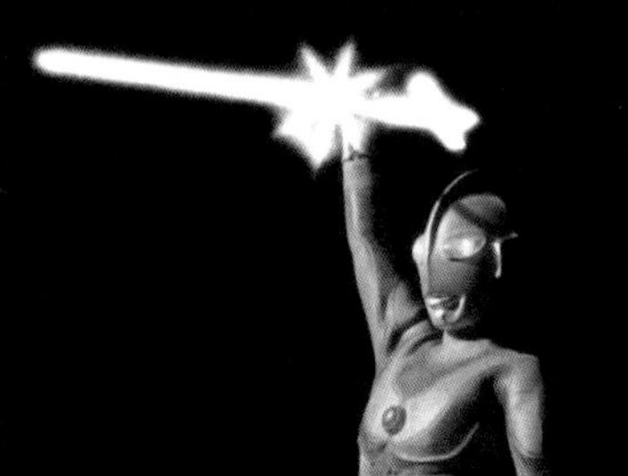

ウルトラディフェンダー

ブレスレットを巨大な盾に変化させた状態。スノーゴンとの戦闘で使用。

ウルトラブレスレット

変光ミラー
ブレスレットを鏡型に変形させ、太陽光の歪みを修正する。パラゴンに使用。

反重力光線
ブレスレットから放つ、敵を宙に浮かす光の輪。マグネドンに使用。

ブレスレット反射能力
ブレスレットで敵の光線をはね返す能力。ビルガモとの戦闘で使用した。

ウルトラ再生パワー
バラバラになった体を再生する、ブレスレットの能力。スノーゴン戦で使用。

磁力封じ能力
ブレスレットから光の輪を放ち、磁力を無効化する技。マグネドン戦で使用。

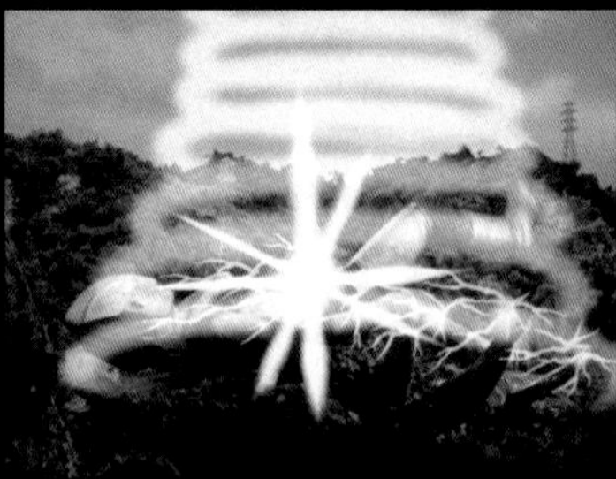

水蒸発能力
ブレスレットから高熱を放射し、水を蒸発させる能力。オクスター戦で使用。

縮小能力
敵のエネルギーを吸収し、小型化させる能力。ヤメタランスに使用。

バリヤーボール
ブレスレットをボール状のバリヤーに変形させ、放り出された人を救出する。

エネルギー再生能力
ブレスレットの力で太陽光をエネルギーに変換する能力。ビーコン戦で使用。

ダムせき止め能力
決壊したダムにブレスレットを投げつけ、流出する水をせき止める能力。ブレスレットを回収すると、再び水が流れ出してしまう。

バリヤー光線

右手先から発射する防御エネルギーの光線。オクスターとの戦闘で使用。

ウルトラバリヤー

自身のエネルギーで体の周囲に光の防御壁を作り、敵の光線などをはね返す。

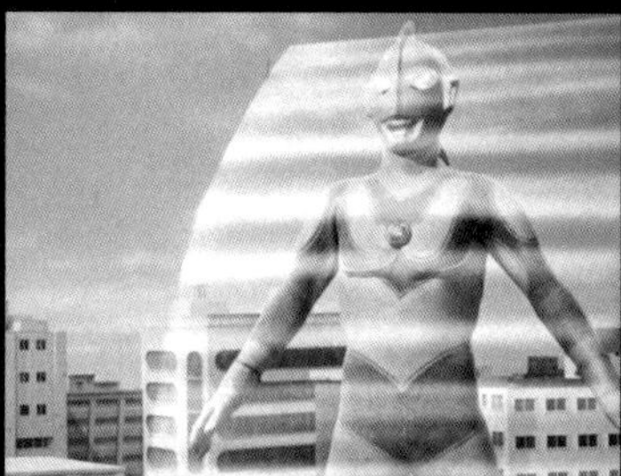

ウルトラVバリヤー

体の前方で交差させた両腕で、敵の攻撃をはね返す技。高い防御力を誇る。

ウルトラバーリヤ

強力な防御壁を作る念力バリヤー。大量のエネルギーを消費してしまう。

ウルトラマン（初代）

平和を愛する「光の巨人」

身　長	40メートル	出身地	M78星雲・光の国
体　重	3万5000トン	登場回	第38話「ウルトラの星 光る時」

かつて地球に飛来し、多くの怪獣と戦って人々を守った宇宙人。ナックル星に囚われたウルトラマンを、「ウルトラの星作戦」でウルトラセブンと共に救出。また、宇宙恐竜ゼットン（二代目）の出現時には、ゼットンと戦った先輩として、テレパシーで警告を送った。なお、ナックル星では、地球で一体化した科学特捜隊ハヤタ隊員の姿にも戻っている。

足形

ウルトラセブン

侵略者を倒す「平和の使者」

身　長	ミクロ〜40メートル	出身地	M78星雲・光の国
体　重	0〜3万5000トン	登場回	第18話「ウルトラセブン参上！」、第38話「ウルトラの星 光る時」

かつて地球を侵略者から守った宇宙人。ウルトラマンを助けるために2回登場しており、一度目は宇宙大怪獣ベムスターに敗れた際に、万能武器「ウルトラブレスレット」を与えるために登場。二度目は、初代のウルトラマンと協力し、ナックル星人に処刑されそうになっていたウルトラマンを蘇生させた。その際にはモロボシ・ダンの姿にも変身している。

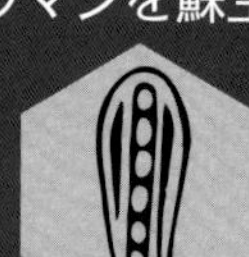

足形

MAT
MONSTER ATTACK TEAM

地球を守る「最強の怪獣攻撃隊」

国際連合機構の傘下にある、地球防衛組織に属する特殊部隊。「MONSTER ATTACK TEAM（怪獣攻撃隊）」の頭文字から、「ＭＡＴ」と呼ばれる。世界各国に支部が設けられ、本部はニューヨーク。日本支部は、地球防衛庁の管轄下に置かれている。主な任務として、怪獣との戦闘や原因不明の怪事件の調査、宇宙からの侵略に対する防衛などがある。

各隊員は、特殊な繊維で作られた制服を着用。優れた耐久性を有し、4000度の熱にも耐えることができるという。頭部を保護するヘルメットは、通信機を内蔵。毒ガスなどの有害物質を完全に遮断する防護バイザーが付いており、怪獣が噛みついても耐えられるほどの硬度を誇る。バイザーを下ろすことで宇宙空間での活動も可能。さらには「マットシュート」という小型銃を携帯。通常はレーザー光線を発射するが、カートリッジ交換によって、熱線や信号弾などに切り替えられる。

日本支部では、６人という少数精鋭のメンバーが任務にあたっている。基本的に常時、基地に待機しており、緊急の出動に備える。また、任務の合間には厳しい訓練も行われており、各隊員がレベルアップに努めている。

MAT海底基地

日本支部の基地は、東京湾の海底に存在。他に宇宙ステーションやレーダー基地などもある。

MAT隊員の装備

標準装備として、オレンジ色の隊員服を着用し、MATヘルメットとマットシュートを携帯。他にも様々な武器を使用して、怪獣との戦闘に臨む。

MATヘルメット

マットシュート

MATのマシン

陸海空、そして宇宙と、あらゆる場所での任務に対応できるマシンが開発されている。

マットアロー1号

スペースアロー

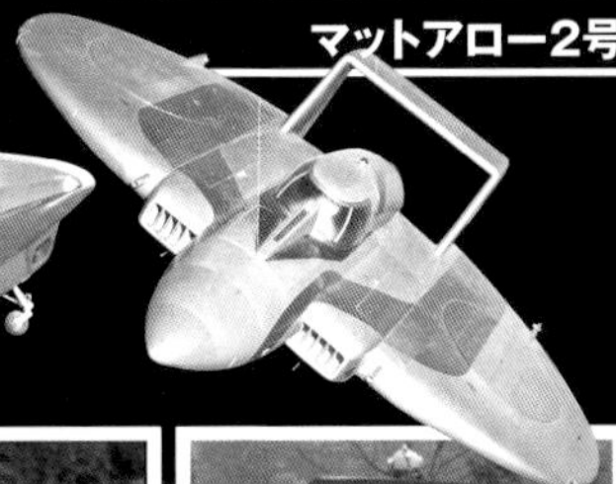
マットアロー2号

マットジャイロ

マットビハイクル

マットサブ

マットジープ

MATメンバー

隊長以下、計6名が所属。当初は5名だったが、1名が後から加入。また、転任となった加藤隊長に替わり、ニューヨーク本部から伊吹隊長が赴任した。

加藤勝一郎隊長

初代隊長。温厚な性格だが、責任感が強く、規律には厳しい。のちに宇宙ステーション隊長へ転任。38歳。

伊吹竜隊長

二代目隊長で、加藤隊長の元上官。冷静で厳格だが、人情家の一面も。超一流のパイロットでもある。45歳。

南猛隊員

副隊長的存在。柔道五段で射撃の名手。心優しい性格だが、自分に厳しい。実家は長野で、牧場を経営。25歳。

岸田文夫隊員

地球防衛庁長官を叔父に持つエリートで責任感が強い。優れた頭脳を持ち、様々な兵器の開発にも携わる。25歳。

上野一平隊員

明るい性格のムードメーカー。天涯孤独のため、MATを家族だと思っている。芯が強くて熱血漢。23歳。

丘ユリ子隊員

主にオペレーターを担当。剣道四段の腕前を持ち、メカの操縦も得意。常に冷静だが、思いやりがある。20歳。

郷秀樹隊員

自動車工場で働きながらカーレーサーを志していたが、その勇敢さが見込まれて入隊。好物はおはぎ。23歳。

索 引

帰(かえ)ってきたウルトラマン大怪獣図鑑(だいかいじゅうずかん)

2023年12月23日　第1刷発行

監修・協力　円谷(つぶらや)プロダクション

怪獣解説監修　中沢健

構成　軽部裕介（双葉社）
編集　櫛田理子
編集協力　關紅洋
榎本雅一
堀内奈都
デザイン　HandClap
DTPオペレーション　松浦竜矢

発行者　島野浩二
発行所　株式会社 双葉社
〒162-8540
東京都新宿区東五軒町3-28
電話：03-5261-4818（営業）
03-5261-4827（編集）
http://www.futabasha.co.jp/
（双葉社の書籍・コミック・ムックが買えます）

印刷・製本　大日本印刷株式会社

ISBN 978-4-575-31848-7 C0076

【参考文献】

『ウルトラ怪獣大事典』（小学館）
『ウルトラ怪獣大全集』（小学館）
『円谷プロ全怪獣図鑑』（小学館）
『ウルトラ特撮 PERFECT MOOK vol.04 帰ってきたウルトラマン』（講談社）
『キャラクター大全 帰ってきたウルトラマン パーフェクトファイル』（講談社）
『ウルトラマン画報』（竹書房）
『帰ってきた帰ってきたウルトラマン』（マガジンハウス）
『大人のウルトラ怪獣大図鑑』（辰巳出版）
『週刊ウルトラマン オフィシャルデータファイル』（デアゴスティーニ・ジャパン）